Sur les traces de De Wet

Lionel James

Writat

Cette édition parue en 2023

ISBN : 9789359255194

Publié par
Writat
email : info@writat.com

Contenu

AVANT-PROPOS.

Cette courte histoire est une amplification d'un journal tenu par l'auteur pendant la fin de la guerre, laquelle amplification, grâce à la courtoisie de l'éditeur, a été publiée sous forme d'une série d'articles dans le « Blackwood's Magazine ». L'auteur est bien conscient des défauts de son œuvre, qu'il présente au public en toute humilité, après avoir demandé pardon à ceux des interprètes de sa scène qui peuvent voir à travers le léger voile d'anonymat qu'on a tenté d'envelopper. eux. Si quelqu'un devait trouver injustes les quelques critiques qui se sont glissées dans le texte, gardera-t-il à l'esprit que l'officier du régiment a beaucoup souffert, en silence, pour les péchés des autres. L'auteur est convaincu que les cas où le navire ne naviguait pas assez correctement étaient rares : au début, il avait peut-être vraiment envie d'être nettoyé sous la ligne de flottaison, mais il n'a jamais manqué de répondre à sa barre. C'était plus souvent l'homme à la barre que la qualité de navigation du navire qui était en cause, et le plus étonnant est qu'il était d'une construction suffisamment robuste pour pouvoir supporter les tensions engendrées par un matelotage indifférent.

JE.
LA NAISSANCE DE LA BRIGADE.

"De Aar", et le garde Africander se jeta hors de son fourgon de frein.

L'Aar! Après quarante-huit heures de demi-famine dans un fourgon-frein, le nom du carrefour, malgré les tons méchants qui le faisaient entendre, sonnait plus doux que le carillon des cloches. Cela signifiait un soulagement de l'enfermement dans quelques pieds carrés de planche ; le soulagement d'une atmosphère semi-putride – huile, hommes non lavés et fumée de tabac rassis ; le soulagement des attentions délicates d'un garde Africander maussade, qui n'aimait pas le surpeuplement de sa camionnette ; soulagement des affres de la faim; soulagement des châtiments indescriptibles de la soif.

Pourtant, à son meilleur, De Aar est un endroit misérable. Non fabriqué, seulement jeté à flanc de colline, et laissé, par négligence et indifférence, se glisser dans le creux le plus proche. Trop loin des kopjes tronqués pour en tirer le moindre bénéfice. Assez près pour sentir le rayonnement d'un soleil de masse depuis leurs sommets biseautés – assez près pour être le canal, en été, de chaque souffle brûlant détourné par eux ; en hiver, chaque courant d'air glacial. Lieu pestilentiel, cible des tourbillons et des diables de poussière, enfoncé jusqu'aux chevilles dans la dérive du désert - prototype du Berbère dans une tempête de sable - aussi inconfortable de nuit que de jour. Mais comme dans la nature, il est possible de trouver dans l'œuvre des hommes, même dans les formes les plus répugnantes, quelque caractéristique salvatrice. De Aar en a un, un seul. Sa fonction salvatrice est l'endroit où un garçon juif sale accueille derrière le bar d'un buffet envahi par les mouches. Ici, à des prix qui, s'il ne s'agissait pas d'une campagne, seraient prohibitifs, vous pouvez acheter de la nourriture et des boissons.

Mais la nuit, ce n'est pas un endroit facile à trouver. La gare est pleine de trains et, arrivant par un train de ravitaillement, vous êtes déchargés sur une voie d'évitement éloignée. Une douzaine de barricades à roues – camions ouverts, bogies gémissants remplis de matériel de guerre – vous séparent du quai. Vous n'osez pas escalader les attelages entre les wagons, car les locomotives sont attachées et les trains se balancent d'avant en arrière, apparemment sans but ni avertissement. Au-dessus d'un camion ouvert ! Vous roulez au sommet des hommes endormis et aboiez vos tibias contre un fusil. Les malédictions vous suivent lorsque vous sortez et descendez sur la voie médiane. Une ligne claire. Non, c'est un train blindé, un Léviathan de plaques d'acier et de tôle. Vous le laissez passer et vous vous précipitez vers la prochaine barricade. Dieu merci! c'est un train de voyageurs. Comme il est éclairé comme un grand hôtel, vous pourrez vous hisser par-dessus les marchepieds et traverser un salon : « Halte ! qui y va ? et vous reculez sous la pointe d'une baïonnette nue. "Je n'y peux rien, officier ou pas officier, c'est le spécial de Lord Kitchener, et vous ne pouvez pas passer ici !" Il est inutile. Encore un grand détour ; encore des difficultés, d'autres évasions des trains en marche, et enfin vous trouvez le quai.

Plate-forme De Aar la nuit. Si la direction de Drury Lane souhaitait un jour mettre en scène une pièce intitulée "Chaos", le décor de sa meilleure scène ne pourrait pas être meilleur qu'une soirée sur la plateforme de De Aar. Chaque jour, à Clapham Junction, l'armée de Lord Kitchener déverse des dizaines d'hommes, qui sont obligés, pour une durée indéterminée, d'utiliser la station comme domicile — des tonnes et des tonnes de détritus militaires et mille détails indescriptibles. Les vivants gisent autour de la gare dans une magnifique confusion : hommes blancs, cafres, soldats, prisonniers, civils. Un général de brigade attendant le courrier de nuit dormira sur un banc, sur le suivant un Tommy skrimshanking, qui a volontairement perdu son unité. Même l'arrivée de Kitchener ne peut pas nettoyer De Aar. Cela ne fait qu'ajouter à la confusion en condensant le chaos dans un espace plus restreint et moins public.

Mais nos premiers besoins sont animaux. Trébuchant sur des formes prostrées, canonnant contre des amas d'engins hétérogènes, nous faisons le buffet. Un flot de lumière, le bourdonnement des voix et le bourdonnement de myriades de mouches dérangées, et nous revivons. Des vêtements sales, tachés de couleur séné par la nourriture et les boissons renversées depuis des mois, une atmosphère qui pue comme un "snack de poisson", une douzaine à vingt hommes échevelés et sales de tous grades réclamant de la nourriture, deux filles métisses négligées. C'est tout, et pourtant c'est la vie de l'homme en « randonnée ». Il y a même une fascination dans une assiette en terre cuite, bien que sa surface porte les marques du tissu gras et des doigts sales des serviteurs.

Un lieutenant-général et son état-major ont une table pour eux seuls ; nous trouvons un coin sur le plateau principal, où sont assis les méchants. Après le repas, les nouvelles. De Wet a envahi la Colonie avec 3000 hommes. Il se battait aujourd'hui avec Plumer à Philipstown. Nous commençons alors à comprendre pourquoi nous avons été convoqués à De Aar. Le petit major mitrailleur à cheval, qui se portait garant de la nouvelle, venait d'arriver avec sa batterie de quelque part sur la ligne Middelburg-Komati. Cinq jours de train et ses chevaux n'ont été abreuvés que quatre fois. Ce n'était rien à cette époque de la guerre, où l'on ne blâmait pas l'homme à cheval moyen s'il tuait trois chevaux en un mois. Le major ne savait ni sa destination ni quelle colonne il devait rejoindre. Délicieuse incertitude ! Tout ce qu'il savait, c'est que sa batterie était enfermée dans un train devant le buffet et qu'elle démarrerait dans une demi-heure. Il pourrait être destiné à Mafeking, ou à

Beaufort West ; mais il était prêt à déclarer à 2 contre 1 que dans six semaines, sa batterie serait en haute mer à destination de l'Inde. Les hommes qui ont pris ce pari étaient sages, car le petit major et sa batterie se trouvent encore aujourd'hui en Afrique du Sud.

Le repas terminé, il fallut à nouveau affronter le dédale du quai De Aar. Cela peut paraître étrange, mais lorsqu'on est en service, il est plus facile, une fois la bonne tribune gagnée, de retrouver les fonctionnaires à minuit que le jour. Sous la loi martiale, peu de voyageurs possèdent des lumières ; moins sont autorisés, ou ont le désir, de les graver sur la plateforme. Par conséquent, un feu après minuit signifie généralement qu'un fonctionnaire tente de rattraper le travail accumulé pendant la journée.

"Officier d'état-major des chemins de fer ? Oui, monsieur, directement ici, monsieur."

Un jeune homme très pâle, dans l'équipement le plus propre, le collier le plus blanc, et avec les impertinences roses les plus roses autour de sa casquette et de son cou. Il ne leva jamais les yeux du papier sur lequel il écrivait lorsqu'il commença la conversation suivante :

Jeunesse pâle. "Que puis-je faire pour vous?"

Demandeur. "Je suis ici sous instructions télégraphiques."

PY (prenant le télégramme proposé) "Je n'ai jamais entendu parler de toi."

R. « Vous devez avoir une trace de ce fil ! »

PY "Je ne l'ai jamais envoyé. Il a dû être envoyé par l'officier d'état-major des chemins de fer. Il dort maintenant. Revenez le voir demain matin !"

A. (furieux) "Espèce de…d jeune lionceau !—est-ce ainsi que vous traitez vos aînés ? A quoi appartenez-vous ?"

PY (sautant nerveusement) "Oh, je vous demande pardon, monsieur ; je pensais que vous étiez un de ces officiers impuissants du Yeomanry. Ils sont le fléau de nos vies. Je vais aller réveiller le RSO" [Disparaît . *Il revient dans cinq minutes.*]

PY "Le RSO dit que vous devez vous présenter au bureau de la ligne de communication. Ils peuvent avoir des ordres à votre sujet. Vous trouverez le major de brigade dans un wagon-salon sur la troisième voie d'évitement à l'extérieur de la ligne de Rosmead." [*Salut.*]

Nous sortons à nouveau dans la nuit, nous demandant si la perdition peut égaler De Aar pour un inconfort misérable, et la bureaucratie de De Aar pour l'inconséquence. Le troisième revêtement, en effet ! Il fallut une heure avant que le salon ne soit retrouvé dans ce labyrinthe de fonte.

Le major de brigade était là, un misérable objet usé, parcourant péniblement, à la lumière excentrique d'un bain de suif, les télégrammes du jour. Pauvre misérable ! il gagne sa misère aussi bien que n'importe lequel d'entre nous. Encore une fois, nous sommes restés bouche bée. "Je n'ai jamais entendu parler de toi." Tout ce que nous avons pu dire de lui, c'est : "Tu ferais mieux de te coucher dans la gare et d'attendre les événements." Pauvre diable! tellement épuisé par le travail et l'inquiétude qu'il avait l'air d'un simple petit diable de poussière de De Aar qui lui briserait la colonne vertébrale s'il le touchait. Nous nous sommes donc retrouvés à nouveau à la dérive dans le vieux tas de fer, pour grossir l'armée des vagabonds qui vivent de leur intelligence grâce aux communications.

Il était environ deux heures du matin lorsque nous retrouvâmes nos domestiques. Le soldat serviteur est un joyau, mais un joyau avec quelques défauts. Si vous lui dites de faire quelque chose « par numéros », il le fera à merveille ; mais il ne considère pas que cela fasse partie de son devoir de penser par lui-même, par conséquent il faut toujours penser à la fois pour soi et pour son domestique, et c'est pourquoi à cette occasion nous avons trouvé le nôtre assis sur nos rouleaux de literie au fond de la salle. plate-forme. Il ne leur était jamais venu à l'esprit que nous devrions avoir envie de dormir dans un endroit comme De Aar. Dégoûtés, nous avons essayé l'hôtel. Ici, ils ont lâché des chiens contre nous et ont chassé les gardes. Encore plus dégoûtés, nous retournâmes à notre literie et sardinâmes avec le désordre et les détritus sur la plate-forme.

Lever du soleil en Afrique du Sud. Le soleil sait se lever sur le veld. Lorsqu'on le voit pour la première fois, c'est aussi bon qu'un tonique. Le simple fait d'être en vie nous rend joyeux. Mais ce sentiment s'estompe avec une semaine de trekking, surtout lorsque la saison se refroidit ou qu'une marche nocturne a échoué. Alors vous ne souhaitez plus jamais voir le soleil se lever. Il fut un temps où un homme qui se vantait de n'avoir jamais vu le soleil se lever était traité de paresseux, d'indolent bon à rien, qui manquait volontiers la moitié des plaisirs de la vie. Après vingt mois de randonnées incessantes en Afrique du Sud, on n'est pas sûr que ses opinions sur ce sujet correspondent à celles de la majorité. Car après une douzaine de levers de soleil, on atteint généralement cet état où le plus grand plaisir naturel se trouve à l'intérieur plutôt qu'à l'extérieur d'un sac de couchage. Mais malgré la détestation générale dans laquelle De Aar est tenu, les collines voisines fournissent, dans la lumière vivifiante de l'aube, des études aux couleurs changeantes si voluptueuses, si variées et si fantastiques, qu'il est étonnant que tous les artistes du monde n'aient pas rassemblés à l'avance sur place. Mais la familiarité avec toute cette beauté la réduit à un lieu commun. Cela devient tout simplement une partie de la monotonie de votre vie quotidienne, surtout si vous devez, comme nous l'avons fait ce matin-là, attendre votre tour avant de pouvoir vous laver, devant les eaux usées qui s'égouttent d'une pompe d'alimentation de locomotive. Ici, vous vous êtes battus pour une place, bousculés par des hommes qui, chez eux, auraient quitté le trottoir et salué. Mais après quelques mois de guerre, à une pompe à laver, on ne peut guère distinguer les officiers des hommes, à moins que les premiers ne portent leur tunique. De la baignoire à *chota haziri*. Le buffet n'est pas encore ouvert, mais une femme Cafre délabrée sur la plate-forme distribue à six pence la fois un gâchis d'une consistance semblable à de la mélasse qu'on appelle du café. Que penseriez-vous si vous pouviez nous apercevoir ? Que dirait la petite bonne intelligente qui apporte le thé le matin, si elle pouvait nous voir maintenant ? Certes, si nous arrivions à la porte d'entrée, elle nous la claquerait au visage et nous menacerait avec la police !

Mais nous devons être prêts à agir. C'est une journée extraordinaire à De Aar. Tout le monde s'affaire. Les popinjays du personnel se dépêchent de monter et descendre la plate-forme. De gros colonels de milice âgés, qui ne seraient jamais debout et habillés à cette heure dans des circonstances ordinaires, chahutent le RSO, qui a plus d'amidon dans sa tunique qu'on n'en a jamais vu auparavant. Qu'est-ce que tout cela veut dire? Puis on se souvient de la baïonnette nue de la nuit précédente. Lord Kitchener est à De Aar. Ô Hadès !

Nous sentons sa présence, mais nous ne tardons pas à le voir. Comme il doit inquiéter son tailleur. Grand et bien proportionné au-dessus, il tombe de la taille vers le bas. C'est cette mauvaise herbe qui trouble évidemment l'homme qui confectionne ses vêtements. Mais c'est son visage que nous regardons. Cet œil bleu froid qu'est le basilic de l'armée britannique. La mâchoire ferme et la bouche cruelle, dont nous avons entendu parler en 1898. Mais il ne s'agit sans doute que du stéréotype du « héros militaire » que les journaux maintiennent toujours « préparé » pour l'avènement de généraux à succès. Rien de tout cela n'était visible ici. Un visage rond, rouge et un peu bouffi. Tête carrée surmontée d'un capuchon en bâton posé négligemment. De lourdes moustaches recouvrant une bouche un peu mobile, pour le moment encline au sourire. Des yeux n'importe comment ; des sourcils lourds, mais pas accablants. En fait, le visage très ordinaire d'un homme à peine dépassé. Ce n'est guère un personnage que vous auriez remarqué sans la dorure de son chapeau – en fait, c'était une découverte décevante. Il faisait les cent pas, les mains sur les hanches et les coudes pointés vers l'arrière, parlant avec bonhomie à un colonel qui, de toute évidence, venait tout juste de quitter le « trek », et avec sa démarche envahissante et son pas lourd, le grand Kitchener ne regardait pas du tout. à moitié aussi imposant que son compagnon de voyage taché.

Le chef expliquait quelque chose au colonel. Ils firent les cent pas ensemble pendant quelques minutes, puis s'arrêtèrent juste devant nous, et la conversation fut la suivante :

Chef. " Très bien, je vais bientôt vous trouver un état-major. Voyons, vous avez un major de brigade ? "

Colonel. "Oui ; mais il est à Hanover Road !"

Chef. "C'est bon, vous le récupérerez à temps. Vous voulez un chef d'état-major. Ici, vous (*et il fit signe à un colonel en tenue visible tout juste sorti d'Angleterre, qui se tenait là*)) ; qu'est-ce que vous " Vous faites ici ? Vous serez chef d'état-major de la Nouvelle Brigade de Cavalerie !"

Nouveau colonel. "Mais, monsieur—"

Chef. "C'est bon. (*Revenant à son attitude initiale.*) Maintenant, vous voulez des officiers de transport et d'approvisionnement. Vous voyez ce dépôt là-bas ? (*hochant la tête vers le dépôt d'approvisionnement de De Aar.*) Allez les récupérer là-bas - citez-moi comme votre autorité. " Voilà, vous êtes équipé ; vous pouvez rassembler une partie de votre brigade ce soir et repartir demain au point du jour. Attendez, il vous faudra un officier de renseignement. (*Ici, il se retourna et parcourut du regard le divers rassemblement de Tous les grades étaient rassemblés sur la plate-forme. Il distingua un officier débraillé parmi le groupe arrivé la nuit précédente dans la camionnette du méchant garde Africander.*) Que faites-vous ici ?

Officier. "J'essaie de rejoindre, monsieur."

Chef. "D'où venez-vous?"

Officier. "Deelfontein… convalescent, monsieur."

Chef. " Vous le ferez. Vous êtes officier de renseignement à la Nouvelle Brigade de Cavalerie. Voici votre brigadier ; vous recevrez de lui les ordres. (Se *tournant de nouveau vers le colonel et lui tendant la main.*) Vous y êtes, vous êtes équipé. Esprit vous quittez Richmond Road demain matin sans faute. Au revoir !

II.
LA RENCONTRE!

Le conducteur se pencha hors de la cabine de son moteur et donna un peu de son esprit au brigadier.

" Écoutez, je suis un civil ; je connais mes devoirs. J'avais mes huit bogies et, en vertu des droits de l'homme, je n'avais rien à emmener avec votre bestial camion - et maintenant je vous dis que la ligne n'est pas sûre, et je passe la nuit ici. Gardez à l'esprit que vous avez maintenant affaire au chauffeur civil John Brown, et il connaît ses devoirs.

"Mon cher camarade !" répondit le brigadier, qui avait commandé un corps colonial depuis trop longtemps pour être indisposé par les « conversations en arrière » d'un représentant de la classe la plus indépendante du monde, « là n'est pas la question. Si nous devions tous faire notre devoir de manière rigide à la lettre, nous ne devrions pas avoir de transitaire. Il ne s'agit pas de sauver ce train, il s'agit pour un gentleman de tenir parole. J'ai donné ma parole que je quitterai Richmond Road demain à l'aube. Vous n'aimeriez pas que votre conscience ait non seulement forcé un ami à manquer à sa parole, mais que vous ayez également été le moyen de laisser un vide dans la file d'attente de De Wet. Le devoir soit pendu pour la cause impériale ! à la bataille de Copenhague ? Maintenant, ce n'est qu'un parallèle : je sais que vous êtes loyal et sportif jusqu'à l'épine dorsale ; je veux que vous soyez le Nelson de ce « coup de cœur ». Je sais que je ne peux pas vous donner d'ordre, mais je sais que vous êtes un sportif et qu'en tant que sportif, vous ne me trahirez pas. Écoutez, je vais juste au bureau du télégraphe pour dix minutes. Réfléchissez pendant que je je suis là!"

Le visage du conducteur était une étude, et quant au pompier Jack, il souriait simplement sur son visage sale. Il n'y a qu'un seul chemin vers le cœur d'un colonial, et vous devez être chaussé de velours pour y arriver. Nous nous sommes ensuite rendus dans la petite cabane qui servait de bureau de chef de gare à Deelfontein. Nous, c'est l'état-major de la Nouvelle Brigade de Cavalerie que le brigadier avait pu rassembler à De Aar.

"Où est une carte ?" demanda le brigadier. Le chef d'état-major regarda l'officier du renseignement. L'officier du renseignement a regardé l'officier d'approvisionnement. Une carte! Personne n'avait jamais vu de carte. Mais une carte « Britanniques et Boers » faisait partie de la tenue du chef d'état-major et, après de nombreux tâtonnements, elle fut sortie de son sac à dos bombé.

"Eh bien, vous êtes une belle bande de "was-birds" avec lesquels diriger une brigade : mais cela fera l'affaire. Maintenant, Monsieur le Renseignement, notez ce fil : -

" *De l'OC New Cavalry Brigade au premier escadron de l'OC, le 20th Dragoon Guards, pour arriver à Richmond Road.*

"Dès réception, déplacez-vous immédiatement avec toutes les précautions militaires vers Klip Kraal, à vingt-six milles sur Britstown Road. Je vous suivrai demain matin. Faites attention à Helio. Communication sur votre gauche, car une autre colonne se déplace parallèlement à vous vers le sud."

" Voilà, " dit le brigadier, " nous avons surmonté cette difficulté et avons anticipé les ordres de Kitchener de douze heures. Puisse la Providence protéger ces dragons bruts si le vieux Hérisson [1] est dans les environs. Trois jours de congé d'un navire et pour rencontrer Hérisson c'est une grande chose!"

Le visage sale et souriant du pompier Jack était visible dans l'embrasure de la porte.

"S'il vous plaît, monsieur, le chauffeur dit qu'il est prêt à partir et qu'il aimerait commencer le plus tôt possible."

"Bon gars!" dit le brigadier ; puis, alors que nous remontions dans notre salon, il ajouta : « Il n'y a qu'une seule façon de traiter ces gars-là. Traitez-les comme des hommes et ils sont parmi les meilleurs du monde ; combattez-les, et ils ne bougeront pas d'un mètre. Certains Quelqu'un à De Aar a commandé un camion supplémentaire dans le train de cet homme, et depuis, il boude. Maintenant qu'il est sur son courage et qu'il imite Nelson, vous verrez qu'il nous fera avancer. Rien qu'une cartouche de dynamite ne l'arrêtera. ... Mes camarades du Natal étaient exactement les mêmes.

Deux heures plus tard, juste avant la tombée de la nuit, nous sommes tombés sur Richmond Road. Le conducteur sauta de son moteur et traversa la plate-forme à grands pas. « Général, » dit-il avec la franche familiarité du Colonial, « je voudrais simplement vous dire que je vous ai serré la main. J'aimerais qu'il y en ait davantage comme vous ; nous serions tous de meilleurs hommes. bonne chance, monsieur!"

Il n'est pas prévu dans ces documents de compiler un historique des opérations en Afrique du Sud auxquelles ils se rapportent. Mais pour que le rôle joué par la Nouvelle Brigade de Cavalerie dans la campagne qui a arrêté l'invasion de De Wet en février 1901 soit intelligible, et pour que les lecteurs puissent mieux comprendre les pérégrinations de notre propre unité particulière, il peut être opportun ici de décrire Donnez un bref aperçu du projet initial qui, aussi solide qu'il puisse paraître, vingt-quatre heures après sa naissance, s'est enveloppé dans le brouillard habituel de la guerre. Après avoir esquissé le projet, tout ce que nous pouvons espérer, c'est que ces documents puissent fournir des lueurs occasionnelles et momentanées dans ce brouillard, puisque leur objectif n'est pas de construire l'histoire contemporaine, mais de fournir un compte rendu fidèle de la vie et de l'œuvre de l'un des pièces sur l'échiquier de la campagne, pièce qui, dans cette chasse à De Wet, avait peut-être l'importance relative d'un « château ».

Croquis montrant l'invasion de De Wet
(*extrait du carnet d'un officier d'état-major*)

L'invasion promise depuis longtemps par De Wet, dont la descente de Kritzinger et Hertzog dans la colonie du Cap avait été le signal météorologique, était désormais un fait accompli. Il avait envahi avec 2 500 à 3 000 hommes et un peu d'artillerie. Plumer l'avait localisé à Philipstown, l'avait effectivement « verrouillé » et, malgré le mauvais temps, l'avait poussé avec la persévérance d'un limier en direction du chemin de fer De Aar-

Orange River dans les bras de deux colonnes. dans les environs du Hautkraal. Une semaine auparavant, dès qu'on avait appris que De Wet avait échappé aux forces destinées à le faire reculer alors qu'il se dirigeait vers le sud sur la colonie du fleuve Orange, le chemin de fer avait été mis à rude épreuve pour concentrer les troupes sur la route Naauwpoort-De Aar. -Ligne Beaufort Ouest. Des trains de troupes de jour et de nuit, gonflés de kaki et hérissés de fusils, avaient vomi des colonnes, des détachements et des unités en divers points de cette ligne : Colesberg, Hanover Road, De Aar, Richmond Road, Victoria West et Beaufort. Lord Kitchener lui-même, à une allure qui avait presque blanchi les cheveux du conducteur, s'était dirigé vers De Aar dans son train blindé. Plumer avait détourné l'invasion vers l'ouest, Crabbe et Henniker et les trains blindés l'avaient fait franchir la voie ferrée. Kitchener était content. Si De Wet suivait son chacal Hertzog dans les régions du sud-ouest, les colonnes sur la ligne descendant de De Aar devaient se déplacer vers l'ouest en tant que forces parallèles et s'attaquer à leur tour à l'envahisseur. Chacun le courrait jusqu'à épuisement, avec un nouveau parallèle pour prendre la fuite dès qu'ils auraient fini ; tandis qu'à la fin, lorsque le dernier parallèle se jouait, De Lisle se tenait comme arrêt à Carnarvon, prêt à attraper la prune mûre après que l'arbre ait été bien secoué. Admirable plan – sur papier. Plan admirable si De Wet avait seulement fait ce qu'il aurait dû faire – s'il s'était seulement laissé botter tour à tour par chaque parallèle, baratté par des relais de pompons, jusqu'à être prêt à être présenté à De Lisle. Mais De Wet n'a pas fait ce qu'il fallait. Il n'était pas un lionceau à qui on pouvait confier la conquête d'une terre par une ligne directe et évidente, où le rythme seul l'aurait tué. C'était un vieux renard gris, méfiant même de sa propre ombre, et il se tordait et se tordait : pendant ce temps, Plumer se courait « à froid » sur ses talons, et la plupart des colonnes parallèles, jouées par son écran de « rouge » harengs », se sont mis en contre-marche jusqu'à l'arrêt. La vieille, vieille histoire, qui n'a pas besoin d'être développée ici. Admirable plan, si seulement les colonnes britanniques avaient été aussi complètes à leur rendez-vous qu'elles le paraissent sur le papier. Nous étions la Nouvelle Brigade de Cavalerie – la 21e King's Dragoon Guards et la 20e Dragoon Guards, tout juste sorties de chez nous ; le Mount Nelson Light Horse, nouvellement élevé au Cap ; une batterie de RHA et un pompon. Mais où en étions-nous ? Nous devions quitter Richmond Road le lendemain à l'aube. Deux escadrons du 21e King's Dragoons et un des Mount Nelson étaient avec Plumer — la Providence sait où — pour apprendre la loi du Veld. Le reste des Mount Nelson et un escadron du 21st King's Dragoons se trouvaient à Hanover Road. Un escadron du 20e Dragoon Guards se trouvait à Richmond Road ; deux escadrons étaient dans le train en provenance du Cap. Les armes au moins étaient arrivées. Pourtant, nous parlions de la valeur d'un "château" sur l'échiquier destiné à mater De Wet.

"Maintenant, nous allons devoir enlever nos manteaux."

Le brigadier avait raison. Ce n'était pas une mince affaire d'arriver au coucher du soleil sur une misérable voie d'évitement du Karoo, appelée par courtoisie gare, de trouver ses deux parallèles de rails bloqués par les camions contenant le noyau d'une brigade de cavalerie, et de mettre ce noyau sur la route. à l'aube. La colonne de ravitaillement était à fond, la batterie à moitié vide : c'étaient de vieux soldats ; mais les deux escadrons du 20e Dragoon Guards n'avaient pas encore pris conscience de la situation. Le brigadier regarda de haut en bas sur le quai, regarda un instant les longues rangées de camions chargés, puis fit la remarque ci-dessus.

Et nous avons dû enlever nos manteaux. Les 20 étaient nouveaux mais ils étaient disposés ; et il est difficile de dire ce qui vous gêne le plus, un novice trop volontaire ou un expert réticent. Vous qui restez chez vous et injuriez la conduite de la campagne, injuriez le misérable officier, régiment ou état-major, vous ne savez pas ce que l'on attend de lui. Vous avez votre type en tête : des lunettes, des vêtements impeccables et une épée agitée ; vous le payez et vous attendez à ce qu'il réussisse. Votre seul argument est sans réponse. Vous placez le plus grand homme que vous puissiez choisir pour le guider et le chérir, donc s'il ne réussit pas, ce doit être à cause de ses propres défauts. Dans votre impatience, vous estimez qu'il n'a pas réussi. Il doit donc être ignorant, indifférent et incompétent. Vous ne réalisez pas l'injustice de votre opinion. Pendant une guerre, vous transpirez une classe intelligente – la même classe, soit dit en passant, de laquelle est tiré le meilleur de ce que vos universités peuvent produire – vous la transpirez comme aucune autre classe instruite ne se laisserait transpirer dans l'ensemble civilisé. monde, et pourtant, même si les hommes vous harnachent par dizaines chaque mois, vous vous retournez contre eux et les injuriez. Ne pouvez-vous pas comprendre que ce n'est pas toujours l'intermédiaire par lequel agit la grande tête que vous avez choisie qui est dans l'erreur, et que la main du pilote peut être en faute, et non l'appareil à gouverner ? Emmenez-nous ce soir-là à Richmond Road. Nouvelles troupes, nouvel état-major, peu ou pas d'informations, et ordre d'être en position à 50 milles de distance dans 36 heures. S'il faut fabriquer des briques, l'ouvrier n'est-il pas en droit d'attendre d'être approvisionné en ingrédients ? Est-ce entièrement sa faute si, exposée à la chaleur d'un soleil tropical, son argile construite à la hâte s'effondre en morceaux faute de paille que son maître d'œuvre n'a pas réussi à lui fournir ? Nous ne le pensons pas. Mais cette nuit-là, à Richmond Road, nous n'eûmes pas le temps de ruminer nos difficultés. Nous avons dû les surmonter et, avec notre brigadier, nous avons enlevé nos manteaux et nous sommes attachés au travail.

Télégrammes : -

1. *Au renseignement, nouvelle brigade de cavalerie, Richmond Road, du renseignement, De Aar.*

"Vous devez organiser votre renseignement localement, impossible d'approvisionner autant de colonnes en hommes d'ici. Nous verrons ce que l'on peut faire plus tard. Autorisez les dépenses que vous jugerez appropriées."

2. *Vers Int. BCN de Int. De Aar.*

"De Wet Expert [2] rapporte que De Wet se dirige vers Vosberg. Plumer est toujours en contact. Hertzog, Brand, Pretorius, tous entre Prieska et Vosberg avec de grandes quantités remontent pour De Wet. Theron a été détaché par De Wet, se déplaçant rapidement vers le sud vers rejoignez Brand, avec l'intention d'attaquer Britstown. Les agriculteurs locaux des districts de Hanovre et de Victoria West se rassemblent pour aider les envahisseurs. Informez la nouvelle brigade de cavalerie. Ce fil est répété aux renseignements Victoria West, Carnarvon, Fraserberg, 'Chowder' [3] Cape Town, Orange River , Beaufort , et le chef Pretoria."

3. *De la Brigade-Major New Cavalry Brigade, Hanover Road, jusqu'à l'OCNCB Richmond Road.*

"J'espère partir d'ici demain. Aucun train disponible. Comme vous l'avez ordonné, continuez par la route jusqu'à Britstown. Les selles pour le mont Nelson ne sont pas encore arrivées."

4. *Du cul. Directeur Transport De Aar à OCNCB Richmond Road.*

"Impossible de vous équiper de plus de transports mulets que ce qui vous a été envoyé ; nous comblerons vos carences avec des transports de bœufs, qui vous attendront à Britstown à votre arrivée."

5. *De OC De Aar à OCNCB Richmond Road* (60871).

"Procédez avec une extrême prudence, comme l'a dit le commando rebelle local dirigé par Van der Merwe, qui aurait été rassemblé à Nieuwjaarsfontein entre vous et Britstown. Par mesure de précaution supplémentaire, vous pouvez emmener la compagnie de Wessex Mounted Infantry, stationnée à Richmond Road, avec vous jusqu'à Britstown. "

6. (Six heures plus tard) " *Videz* mon 60871. Wessex MI a annulé."

Celles-ci ne représentent qu'une partie des communications qui nous attendaient au bureau télégraphique de Richmond Road. Mais ils constituent un assez bon échantillon pour illustrer les difficultés auxquelles le brigadier a dû faire face. La communication sur le rassemblement des rebelles à Nieuwjaarsfontein l'a poussé à moraliser. "Hélas pour mon escadron avancé ! Si je croyais que c'était vrai, je partirais immédiatement avec ce que nous avons et arrêterais ces rebelles. Mais dans l'état actuel des choses, je laisserai le soin à l'escadron avancé, et nous fournirons les services funéraires. -fête le matin ! Écoutez, monsieur le renseignement, vous devez former un département de renseignement ce soir. Vous feriez mieux de vous y mettre tout de suite.

L'officier du renseignement est sorti dans la clairière devant la gare et a inspecté les lieux. Il faisait maintenant trop sombre pour voir son visage ; mais il y avait dans son attitude quelque chose qui trahissait le sentiment de désespoir total qui l'habitait. C'est dans une telle attitude que le maître d'école décèle l'incapacité de Smith Major à préparer sa traduction d'Horace avant que ce jeune homme n'ait hasardé un seul mot. L'officier du renseignement avait reçu l'ordre de créer un service de renseignement pour la brigade. Formé à la sévère école de discipline militaire, il n'avait d'autre choix que d'obéir. Et c'est dans ce but qu'il quitta l'enceinte de la gare. C'est alors que l'impossibilité absolue de la situation lui est apparue. Pas une âme n'était en vue, et même s'il y en avait eu, bien que les pouvoirs d'officier de presse lui soient conférés, il ne connaissait pas un mot de langue hollandaise ou cafre. Il se tenait au bord du maigre Karoo. De chaque côté s'étendait une prairie solitaire – une solitude de nuit tombante. De ses nuances les plus profondes s'élevaient des masses de collines d'un noir de jais : le contour déchiqueté de leurs crêtes baignait de violet et de gris dans le dernier effort du crépuscule expirant. Déjà le grand dôme du ciel avait donné naissance à quelques étoiles fatiguées, et sans le sillage du jour qui s'attardait encore à l'ouest, le grand voile désolé de la nuit était tombé sur le veld – le vaste, mystérieux et indescriptible veld !

Mais de même qu'un trésor se trouve lorsque la marée est à son plus bas niveau, de même souvent, lorsque le mur de l'impossibilité semble être une masse de béton infranchissable, il s'avère qu'il n'est qu'un simple papier. Alors que l'officier des renseignements, impressionné par la grande solitude du Veld endormi, se tenait à la lisière de son rêve, une voix sortit de l'obscurité :

"Quoi ho ! A qui est cette colonne ?"

Un instant plus tard, un homme à cheval s'élança au galop, et un jeune Africander se jeta hors de la selle.

"De quelle colonne ?" demanda le nouveau venu.

« La nouvelle brigade de cavalerie !

"Pas chez Henniker ?"

"Non, qui es-tu ?"

"Je fais partie des Tigres de Rimington. [4] Je suis attaché à la colonne de Henniker, et j'ai été envoyé ici pour rassembler un homme qui vit dans ces régions !"

"L'avez-vous?"

"Non. Qui pouvez-vous être ? Avez-vous une correspondance ?"

L'officier du renseignement fouilla dans sa poche et une inspiration lui vint alors qu'il cherchait les allumettes.

"Comment m'as-tu vu ? Je ne t'ai jamais vu et tu étais contre la ligne d'horizon."

"Un cigare est un grand phare, mon vieux !" Puis le Tigre a allumé une lumière et s'est rendu compte pour la première fois qu'il parlait à un officier. "Oh, je te demande pardon, je pensais que tu étais un civil."

Au cours de la courte vie du match, chacun s'était pris à parti l'un pour l'autre, l'un, un officier impérial au visage agréable, l'autre un colonial endurci. L'officier du renseignement fut le premier à parler.

"Parlez-vous néerlandais et cafre ?"

"Je fais."

"Es-tu très pressé de retourner chez Henniker ?"

"Je ne m'épuise pas d'anxiété."

"Eh bien, écoutez, nous rencontrerons probablement Henniker au cours des prochains jours. Suivez-nous jusqu'à ce que nous attaquions votre colonne. Je suis l'officier de renseignement de cette brigade et je veux constituer une sorte de gang de renseignements. ce soir. Nous commençons à 4 heures 30 demain matin.

"En quelle qualité me veux-tu?"

"En tant que guide en chef. Connaissez-vous ce pays?"

" J'ai souvent vécu cela ; mais je trouverai bientôt quelqu'un qui le fera. Avez-vous des garçons ? " [5]

"Pas une âme. Je viens juste d'arriver !"

"Eh bien, nous devons avoir des garçons. Où allons-nous aller ?"

"À Britstown."

"Alors nous voulons un guide blanc et au moins quatre garçons. Oui, je viendrai, monsieur. Quelle est la force ?"

"C'est une brigade embryonnaire ; mais quand nous la rassemblerons, ce sera une force assez belle : trois régiments et six canons !"

« Des coloniaux ? »

"Oui, le Mount Nelson Light Horse."

"Je n'en ai jamais entendu parler, mais tu veux maintenant élever ces garçons. Quel genre d'homme es-tu ? Vas-tu droit jusqu'aux coudes, ou joues-tu avec des gants de chevreau ?"

"Comment veux-tu dire?"

"Eh bien, veux-tu venir dans une ferme là-bas et me soutenir dans tout ce que je fais ? Nous pouvons y obtenir tout ce que nous voulons !"

"Je vous soutiendrai dans tout ce qui sera conforme aux exigences du service."

"Ce qui signifie--?"

"Que je ne porte pas de gants pour enfants———?"

" Alors venez, nous allons bientôt rassembler une bande ! "

Un quart de mile a conduit les deux hommes à l'enceinte d'une petite ferme du Karoo, nichée dans un creux du veld. Le Tigre conduisait son poney, et après l'avoir attaché au bastingage extérieur, ils se dirigèrent hardiment vers la véranda. Ils furent accueillis par un chien excité et, une minute plus tard, la porte fut ouverte par un grand jeune à l'air cadavérique.

"Que veux-tu?"

Le Tigre répondit en néerlandais. Le fermier l'avait visiblement déjà vu, alors qu'il se retenait avec colère.

"Oh, c'est toi, n'est-ce pas ?" vint la réponse. « Vous êtes de retour. Eh bien, je suis désolé, nous n'avons pas de fourrage pour vous ! »

"Ce n'est pas du fourrage que je veux. Où est ton père ? Voici un officier qui doit voir le 'patron'."

"Je vous dis que le 'patron' n'est pas là. Mais l'officier n'entrera-t-il pas. Bonsoir, monsieur, entrez ici. J'apporterai de la lumière !"

Les deux hommes furent conduits dans un salon et le jeune disparut. Un instant plus tard, une jeune fille mince d'environ dix-sept ans entra dans la pièce avec une lampe, la posa sur la table et disparut. Mais la lumière l'avait éclairée juste assez longtemps pour montrer qu'elle était très jolie. Le vrai type hollandais. Cheveux de lin, front et nez droits, beau teint et yeux bleus délavés. La ferme appartenait manifestement à des personnes possédant une certaine valeur. La chambre, à la manière des Hollandais, était bien meublée. Lourdement décoré avec le même manque de proportions que l'on retrouve dans un logement de la classe moyenne anglaise. Harmonium et piano dans les coins opposés, chromos grossiers et impressions déformées sur les murs ; des fleurs artificielles, de coloration anémique et protégées par du verre, sur les étagères ; des albums encombrants sur la table ; des draperies grossières en crochet sur les chaises ; la famille royale dans des pigments surprenants comme sur-manteau. Pour le moment, on aurait pu croire que c'était le meilleur salon de Mme Scroggins à Woburn Square.

Après de nombreux chuchotements dans le couloir, la mère de famille, soutenue par deux filles adultes et trois enfants aux yeux grands ouverts, entra dans la pièce.

« Bonsoir », et il y eut une poignée de main molle tout autour.

L'attitude et l'expression de la bonne dame étaient combatives. Elle était grosse, négligée et avait quarante ans. Et la première impression fut qu'elle avait été autrefois ce que sa jolie fille était maintenant à dix-sept ans. Il n'y a rien de la beauté d'un âge digne chez la femme néerlandaise au-delà de la fleur de l'âge.

"Où est ton homme ?" [6] demanda le Tigre.

"Il est allé à Richmond pour vendre le *scaapen* ." [7]

"Et vos fils ?"

"Je n'ai pas de fils."

Le Tigre ouvrit l'album photo posé sur la table et posa le doigt sur une photo récente de deux jeunes sans poils portant des bandoulières. La ressemblance avec la bonne dame devant nous était indubitable.

"Qui sont ils?"

"Les enfants de ma sœur", fut la réponse désinvolte.

"Bien", dit le Tigre en sortant la photo. "Je garderai ceci. Qui est le jeune homme qui a ouvert la porte."

« Pardonneur. » [8]

"Bien, alors il pourra venir avec nous. Combien de garçons avez-vous dans cette ferme ?"

"Ils sont tous partis avec mon homme."

" Très bien, je vais voir... apportez une bougie. Très bien, ne faites pas d'histoires, ma bonne dame. Ne prenez pas cette lampe, l'officier restera ici pendant que je sors. "

La grosse *femme* sortit un morceau de papier et le posa sur la table avec toute la confiance d'un joueur de poker affichant une Royal Flush. Le Tigre le ramassa et lut :—

"Il s'agit de certifier que l'on peut implicitement faire confiance à Hans Pretorius pour apporter toute l'assistance aux autorités militaires. Il a fourni les assurances requises.

"(Signé)   L——,
Magistrat Résident ."

Le Tigre tint le morceau de papier et la photographie côte à côte pendant un moment, puis alluma lentement le premier dans la flamme de la lampe. Les femmes et les enfants se levèrent solennellement et regardèrent l'incendie. Seule la jolie fille montrait de l'émotion. Le bleu fané de ses yeux semblait s'assombrir. Elle a dit quelque chose. Cela ressemblait à "mains opper". [9] Comme les Hollandais détestent les Africander anglais !

Le Tigre se contenta de rire en disant : « Attendez ici, monsieur, pendant que je fais le tour des lieux. Venez, Mme Pretorius.

L'officier des renseignements n'était pas seul depuis cinq minutes lorsque la porte s'est ouverte et que la jolie fille est apparue avec un verre de lait sur un plateau. Le regard indigné avait disparu, un sourire se cachait sur les jolis traits. À présent, l'officier des renseignements était fatigué et assoiffé – un verre de lait était des plus rafraîchissants. D'ailleurs, c'était un Anglais : un joli visage n'était pas pour lui sans charme.

La fille. "S'il vous plaît, monsieur, le Kharki [10] emmène Stephanus avec lui. Vous ne le laisserez pas faire cela. Il n'y aura plus personne pour s'occuper de la ferme et pour nous protéger des garçons."

Officier du renseignement. "Qui est Stéphanus ?"

D. "Il ne reste pas ici ; il l'est" (*puis les yeux bleus se remplirent de larmes*) - "il l'est - ma chérie !"

IO (*adoucissant*) "Mais nous ne lui ferons pas de mal ; vous le récupérerez dans quelques jours."

D. "Qui peut le dire ? Vous allez le faire se battre, et alors je ne le reverrai plus jamais. Oh, s'il vous plaît, monsieur, ne le prenez pas" (*et une main – une belle main à fossettes – se posa sur l'Intelligence). manche d'officier*).

IO (*se déplaçant inconfortablement*) "J'ai bien peur de devoir le faire ; mais aucun mal ne lui arrivera, je le promets !"

D. "Mais il ne connaît pas le chemin, et vous lui tirerez dessus s'il vous montre un mauvais chemin."

IO "Il saura tout ce que nous voulons qu'il sache."

D. "Où veux-tu qu'il t'emmène ? Je sais qu'il ne connaît pas le chemin."

IO "Eh bien, il n'a qu'à aller à Britstown !"

D. (*les larmes séchant*) "Et tu me promets que tu ne lui feras pas de mal ?"

IO "Bien sûr que je ne le ferai pas."

D. "Oh, merci." Elle était partie et l'officier des renseignements était livré à ses propres pensées. Il était sorti par surprise. Il avait été attrapé : il s'en rendit compte dès que le mot sortit de ses lèvres. Il lui restait encore beaucoup à apprendre.

Il y eut du bruit dans la véranda. Le Tigre était arrivé avec Stephanus, quatre poneys et trois garçons indigènes.

"Cela fera l'affaire pour commencer, monsieur ; nous amplifierons en marche !"

Mais tandis que l'officier du renseignement remettait son département au quartier-garde du 20e Dragoon Guards pour qu'il le garde jusqu'au lendemain, Miss Pretorius sellait un poney dans le kraal. Elle devait retrouver son père avant le lever du jour. Son père et ses deux fils étaient à Nieuwjaarsfontein !

Richmond Road n'est pas un canton. Ce n'est qu'une gare ferroviaire, mais elle possède un *winkel* [11] attenant aux bâtiments ferroviaires. Ici, le commandant de la nouvelle brigade de cavalerie avait pris ses quartiers pour la nuit, et ici le propriétaire juif avait organisé la nourriture et le logement pour le personnel. Mi-grange, mi-boutique, mi-habitation, cette hôtellerie délabrée est typique du genre. Vous les rencontrez partout dans le Veld sud-africain. Vous les bénissez lorsqu'ils vous abritent du vent et de la pluie ; maudissez-les quand, logé dans un hôtel particulier de six étages, dont la porte porte la même légende – hôtel – vous vous souvenez de ce à quoi vous étiez autrefois réduit par les chances de la vie d'un soldat.

Le brigadier était sur le point de s'asseoir pour déguster le seul repas que la femme sordide du Juif pouvait préparer – un plat fumant de mouton maigre bouilli – lorsque l'officier du renseignement revint de son aventure.

"Venez vous asseoir, Monsieur le Renseignement ; avez-vous déjà soulevé une bande de voleurs ?"

"Oui, monsieur ; j'ai rassemblé un soldat des Guides de Rimington et quelques garçons."

" Vous semblez être un garçon plus intelligent que je ne le croyais. Eh bien, vous y êtes ; voici un autre télégramme pour vous. Nous devrions venir directement sur le porc demain. "

À la BCN du renseignement depuis Int. De Aar.

"Rassemblement de rebelles à Nieuwjaarsfontein confirmé de deux sources. Répété, etc."

L'officier des renseignements avait son propre avocat. Il était certain qu'il n'y aurait pas de rassemblement à Nieuwjaarsfontein lorsque la force arriverait. Mais il avait acquis son expérience et était déterminé à en profiter à l'avenir.

"Je pense que nous avons une chance de faire un spectacle lors de cette escapade", a déclaré le brigadier après que quelqu'un ait produit une bouteille de porto. "C'est à peu près le meilleur plan que K. [12] ait lancé. Mais j'ai peur que Plumer ne le gâche. Il est une sainte terreur lorsqu'il s'engage sur une piste. C'est sa grande faute : vous ne pourrez jamais Attrapez ces gars en vous accrochant à une piste après y avoir passé trois jours. Peu m'importe à quel point elle peut être brûlante. Vous vous précipitez à toute vitesse, pour découvrir que votre proie vous a survécu. Maintenant , Après que De Wet ait traversé la voie ferrée à Hautkraal, le mouvement évident de Plumer était vers Strydenburg. Ils auraient pu lui pousser des trucs depuis Hopetown. K. veut que De Wet se dirige vers le sud-ouest dans la boucle du J que forment nos cinq colonnes. Maintenant, si Plumer, Crabbe et Cie lui restent fidèles, il retournera vers le fleuve Orange aussi sûrement que le destin. Mais si Plumer le laisse tranquille et que nous ne nous laissons pas déranger par trop de généraux, nous Je l'aurai. Une fois que De Wet aura atteint le sud jusqu'à Britstown, il sera un oiseau mort. Mais nous serons dérangés par trop de généraux. Vous voyez, combien en avons-nous ? - Cinq. C'est assez de cuisiniers pour gâcher n'importe quel potage. . Mais personnellement, je ne pense pas que De Wet sera la bonne petite mouche et entrera dans notre joli salon. Ils ne me demandent pas d'avis ; mais si c'était moi qui dirigeais ce spectacle, j'aurais arrêté Plumer sur la voie ferrée, laissé le J tel quel et rassemblé une « poussée » infernale d'hommes au nord du fleuve Orange. J'aurais dû tenir une ligne entre Mark's Drift et Springfontein. Quand je l'aurais eu, j'aurais de nouveau relâché notre détective Plumer. Alors nous tous, braves gens, aurions pu jouer avec De Wet jusqu'à ce qu'il en ait marre de la Colonie. Nous pourrions alors l'escorter jusqu'au fleuve Orange, et les « poussées » de l'autre côté auraient ramassé les morceaux. Mais nous y sommes ; que la Providence le guide vers nous ! Je suis au lit. Bonne nuit!"

NOTES DE BAS DE PAGE :

[1] Juge commandant Hertzog.

[2] Un officier spécial du renseignement a été chargé de surveiller les mouvements de De Wet.

[3] "Chowder" était l'adresse télégraphique de la ligne de communication générale de la colonie du Cap.

[4] Les Guides de Rimington portent un morceau de peau de léopard dans leurs chapeaux et sont connus sous le nom de Tigres de Rimington.

[5] Garçons autochtones.

[6] Mari.

[7] Mouton.

[8] Ouvrier agricole.

[9] Traître. Lit. : Mains supérieures — *c'est-à-dire* homme abandonné.

[10] Les Boers appellent tous les soldats britanniques des Kharkis.

[11] Magasin.

[12] Lord Kitchener est communément appelé « K ». en Afrique du sud.

III.
BEE-LINE À BRITSTOWN.

"Pas mal pour un béguin vert."

Le brigadier s'assit au bord d'un grand rocher pour surveiller les bagages au-dessus du nek. C'était un nek sud-africain typique. Un sentier exécrable qui serpente sur la selle d'une chaîne basse de pierre de fer dégringolée. Un de ces massifs qui s'imposent avec effronterie du niveau de la plaine. Des excroissances lâches en pain de sucre qui parsèment la mer de prairie de mille îlots aux sommets plats et tissent la monotonie du paysage propre à ce grand continent. Le rude chemin de charrettes menait à un vaste amphithéâtre, si vaste que l'Europe occidentale ne peut lui fournir aucun parallèle. Pourtant, ses homologues sont rencontrés et traversés chaque jour par les innombrables colonnes britanniques qui reprennent lentement la déchirure béante de la robe de paix de l'Afrique. Qui, s'ils ne l'avaient pas su, aurait dit que le beau panorama que le soleil du matin nous dévoilait maintenant était un théâtre de guerre ? À nos pieds s'étendaient des kilomètres et des kilomètres de Karoo vallonné et de prairies bleu-gris. Il est vrai qu'il était ponctué et nervuré de kopjes rabougris. Mais la plaine éternelle dominait toujours, jusqu'à ce qu'elle se perde dans une brume automnale qu'aucun soleil ne pouvait maîtriser. Immense, une terre sans horizon, une terre dont toutes les caractéristiques inspirent un sentiment d'indépendance et de liberté. Une sensation, une ivresse, à ressentir, à ne pas décrire. Pourquoi les hommes devraient-ils se battre dans un pays comme celui-ci ? Il y a sûrement de la place pour tous ! Les animaux mêmes des champs, ignorants de l'égoïsme engendré par un pâturage limité et un espace restreint, sont dociles et exempts de vice. Mais avec l'homme, c'est différent.

L'habitant de la plaine apprend la liberté. La leçon des villes exiguës est l'avarice : les plus forts peuvent survivre. Qui mélangera les deux ? Là, alors que nous nous tenions debout, les reins ceints pour la guerre, cette grande prairie paisible s'est déroulée devant nous. À mesure que le soleil du matin devenait plus fort, le gris éternel du Karoo se parait de teintes plus vives. Le milieu de la plaine était parsemé d'une bande d'argent sinueuse. Une rivière traçant son cours irrégulier entre les îlots de kopje. De temps en temps, le long de ses rives, l'œil se posait sur des taches d'un vert plus foncé. La plantation d'une ferme, dont les murs blanchis à la chaux brillaient encore aujourd'hui sous les rayons du soleil. Il y avait là un sillon jaune, le doigt de la civilisation sur un désert vierge. Ici, des taches d'un blanc chatoyant, où la surface d'un barrage reflétait la lumière du jour. Çà et là, un troupeau de moutons soulageait la monotonie de la grisaille éternelle. Tandis que de l'autre côté de notre façade, un groupe de juments galopaient dans l'extase du jour et de la liberté, et une bande d'autruches pirouettantes étranges donnait vie à ce merveilleux tableau. Et bientôt, un petit éventail de points bruns s'est ouvert sur le gris en dessous — s'est ouvert et a divergé par paires. Des points si petits et insignifiants qu'ils ressemblaient à des fourmis dans une voiture. Ils se répandirent de temps en temps, jusqu'à paraître perdus et fusionnés avec les juments et les autruches, cessant maintenant leurs mouvements sauvages et se regroupant avec un léger étonnement face à l'étrange invasion. Et pourtant les points divergent. C'est l'avant-garde de notre colonne, les hérauts de l'homme égoïste qui amène une guerre horrible dans cette vallée paisible. À mesure que les points se mêlent aux fourmilières de la plaine ou se perdent dans les replis de la prairie grise, une colonne de poussière s'élève du centre de l'éventail. Une plus grande masse de bruns - la batterie et son escorte - une grande chenille kharki rampant à travers le gris, - il est temps de se mettre en route, le dernier chariot mulet a dépassé le nek, et les derniers arrière-gardes mènent leur armée. chevaux sur la route des charrettes.

"Pas mal pour un coup de coeur vert !" dit le brigadier alors qu'il se préparait à descendre le flanc de la colline. "Bonjour ! qu'est-ce que c'est ?"

Une étincelle était apparue dans la distance brumeuse. Un peu de paillettes. Il est venu, a tremblé une seconde et a disparu. Elle revint, une étoile à plusieurs branches, clignotant et frissonnant.

"Quelqu'un appelle. Tiens, signaleur !... où est le signaleur de brigade ?"

Un grand dragon tombe de sa selle et commence à ranger son trépied. En quelques secondes, son miroir a capté le soleil en réponse à l'étoile scintillante devant lui.

"Qui est-ce?"

Un silence rompu uniquement par des clics rythmés, tandis que le signaleur capte la conversation lointaine et sa lecture monotone du code. Un assistant impassible le démonte. "Groupe 'T', groupe 'W', groupe 'I', 'Enna', groupe 'E'—Major Twine, monsieur."

"Oh, l'escadron avancé. Eh bien, c'est satisfaisant ; nous n'aurons pas à les enterrer après tout. Qu'ont-ils à dire ?" et le brigadier se rassit sur son rocher pendant que le signaleur épelait le message.

"Je me dirige maintenant vers Nieuwjaarsfontein. Des groupes de Boers à cheval sur les deux flancs. N'ont pas été inquiétés." Ici, le signaleur est tombé en panne.

« Quelque chose ne va pas, monsieur. Ils sont sortis !

Pendant un instant, la lumière scintille à nouveau dans une hâte frénétique. « Arrêt de la station – tir ! alors tout était sombre.

"Je pense, monsieur", osa le signaleur, "qu'ils ont détruit la station parce que quelqu'un leur tirait dessus."

"Très probablement. Ici, Monsieur le Renseignement, montez simplement sur votre cheval et galopez jusqu'au corps principal. Dites au colonel Washington que je veux envoyer un officier à l'escadron avancé, maintenant à vingt-cinq milles devant nous : est-ce que qu'il ait la gentillesse de m'en renvoyer un. Ne perdez pas de temps !"

En bas de la colline escarpée, se faufilant entre les chariots mulets grondants, avec leurs attelages zigzaguant au milieu d'une lourde dérive, et leurs groupes de chauffeurs bavards, dont les visages noirs et polis brillent de bonhomie négroïde. " *Aihu, Aihu. Bom-Bom. Scellum* [13] Oom Paul. *Scellum* Président Steyn.￼" Puis un craquement du grand fouet-string de 12 pieds, sonnant comme une volée au bon moment. Au bas de la pente, un petit spruit. Là, sur la rive, se tient Willem le Zoulous. Un castor-coach délabré sur la tête. Un pied carré de poitrine bronzée apparaissant entre les parements blancs d'une tunique d'infanterie ouverte. Ses membres inférieurs étaient enveloppés dans une combinaison de dragon, avec des taches vertes vives sur les genoux. Y a-t-il jamais eu une telle image de bonhomie sauvage et d'enfantillage lorsque le géant Willem balançait le grand manche en bambou de son fouet au-dessus de sa tête et réprimandait ou exhortait son attelage qui s'efforçait dans la dérive ! "Monte, Buller", à un âne préféré. "Kruger, espèce de *scellum* ", à un plomb réfractaire, tandis que la grande lanière craquait comme un pistolet tandis que le cuir sifflait entre les oreilles du coupable sans toucher un poil de sa peau.

Plongez dans la dérive. "Merde, monsieur, vous ne pouvez pas laisser un cheval abreuver en paix." Et tandis que vous sentez le Karoo élastique sous la foulée de votre animal, vous entendez la plainte de quelque officier que vous avez bousculé dans la dérive.

Ce premier galop du matin ! Même si nous qui sommes ici depuis des mois détestons la simple mention du Veld, si nous vivons assez pour rentrer chez nous, nous vivrons dans le regret de l'avoir quitté. Nous pouvons maudire ses étendues sans limites, maudire cette montée sans fin qui s'est si souvent tenue entre nos corps fatigués et le bivouac du soir ; mais les malédictions mourront sur le bastingage d'un bateau à vapeur et avec les lumières déclinantes du Cap, tandis que le souvenir de l'air exaltant, de la liberté, de l'aventure émouvante se cache dans chaque plongeon et chaque donga de cet endroit balayé par le vent et séché par le soleil. , étendue de steppe ravagée par la guerre, vivra avec nous pour toujours. Qui peut oublier ces matins d'automne, où le cheval, animé de la même exaltation que son cavalier, court à travers le sol spongieux ; se dérobe de manière ludique devant une fourmilière à moitié cachée ; avec l'agilité d'un chat, il évite la dangereuse terre des ours ; quand tout semble fort, jeune et plein de vie ; quand la guerre sera oubliée, jusqu'à ce que l'oiseau-fusée tombe de biais sur votre chemin, et que sa note plaintive rappelle à votre mémoire le gémissement de la balle Mauser ! Oui, c'est bien d'être soldat. Les chances sont grandes ; mais, tout compte fait, cela en vaut la peine.

"Où diable galopez-vous ? Ne savez-vous pas qu'il ne faut pas approcher les troupes à cheval à cette allure ?"

On aurait envie de dire au colonel de cavalerie, fraîchement débarqué du Curragh, que nous avions laissé tout cela derrière nous il y a dix-huit mois. Mais la discipline règne sur l'expérience, et automatiquement la main respectueuse revient jusqu'au sommet du casque.

"Les compliments du général, monsieur. Il souhaite envoyer immédiatement un officier avec un message au major Twine. Auriez-vous la gentillesse de détailler un de vos officiers. Il doit revenir avec moi auprès du général immédiatement."

" Oh, vous êtes du général, n'est-ce pas ? Ici, Sturt, " se tournant vers son adjudant, " renvoyez M. Meadows avec cet officier au général. Et vous, monsieur, ne venez-vous plus au galop comme ça à l'avenir. dans mon régiment. »

"Tres bien Monsieur."

———————————

"Maintenant, Monsieur le Renseignement, je ne veux plus de vous ici. Vous devez découvrir quelque chose sur cette route. J'espère que vous saurez tout sur ces fermes d'ici ce soir. Alors entendez-vous avec vos voleurs. Vous pouvez appelez-vous une patrouille d'œufs et de lait, si vous voulez. J'aimerais quelques œufs pour le petit déjeuner. À moins que nous ne frappions les bourgeois, je m'arrête à la première eau convenable après onze heures, de onze heures à deux heures. Allez chercher cette eau, et ne je ne me ferai pas tirer dessus."

Retour au front. En effectuant un cercle, le corps principal est évité, et dix minutes de galop vous amènent à l'avant-garde. Pour le cerveau de l'avant-garde, c'était peut-être une déclaration plus véridique, car le subalterne commandant la troupe de tête chevauche seul le long de la route des charrettes postales. Ses hommes ne sont que des points répartis sur chaque flanc comme des bouées dans le Hoogly. Le subalterne lui-même est plein d'importance, de griefs et d'étude de cartes.

Subalterne. "Pourquoi ne m'as-tu pas donné de guide ?"

Officier du renseignement. "Il n'y a qu'une seule route, et elle est aussi claire qu'un bâton."

Sous. "C'est le principe sur lequel je continue."

IO "Eh bien, continuez. Vous allez bien."

Sous. " Ce n'est pas la question. Je devrais avoir un guide et un interprète. Ce n'est pas la seule route de tout le pays Bally, je présume ? "

IO "Eh bien, nous y sommes. Nous sommes cinq. Vous n'avez qu'à nous commander. C'est pour cela que nous sommes là."

Le subalterne, avec une désapprobation évidente, s'en est pris à l'officier des renseignements et à ses suivants : le Tigre et trois garçons noirs indéfinissables.

Sous. "Es-tu déjà venu ici avant?"

IO "Jamais."

Sous. "Vous avez vos garçons ?"

IO "Je ne peux pas le dire. Ils ne parlent aucune langue connue !"

Sous. " Grand Dieu ! J'appelle ça un meurtre de nous envoyer comme ça. "

Un sergent dragon arriva au galop depuis le flanc droit.

Sergent (en grand état d'excitation). "S'il vous plaît, monsieur, des hommes à cheval viennent de traverser notre front."

Sous. « Dans quel sens ? Combien y en avait-il ?

Sergent. « Environ cinq mille, monsieur !

Sous. – Le fantôme du grand César ! Cinq mille !... les avez-vous comptés, sergent ?

Sergent. "Non, monsieur ; personne ne les a vus, monsieur : ce n'étaient que leurs traces. Il y en a tellement qu'ils sont partout, donc je pense qu'il doit y en avoir environ quatre ou cinq mille !"

IO "J'enverrai mes hommes les regarder !"

Sous. "Oui, faites-le. J'y vais aussi ; mais je vais d'abord renvoyer une note à la colonne."

IO "Je ne ferais pas ça pour l'instant. Ce n'est peut-être qu'un troupeau de springboks !"

Le subalterne ne dissimula pas son air de mépris face à cette réflexion. Mais Jean le Cafre, avec l'aide du Tigre, annonça que les traces en question avaient été faites la veille par l'escadre du major Twine, forte d'environ quatre-vingts hommes. Voilà pour les preuves circonstancielles. Mais ce n'est rien. Il n'est pas juste de juger les nouvelles troupes dès leur premier jour sur le Veld. Si ce sergent est en vie aujourd'hui, vous pourriez miser sur le crédit que vous possédez auprès de la banque, de sorte qu'il vous donnera non seulement le numéro exact à cinq heures près du groupe qui a fait la recherche, mais qu'il vous donnera également une description juste de l'identité du sergent. la nature du groupe et le rythme auquel ils avaient voyagé. Telle est l'expérience.

A onze heures, hormis le fait que la crête de la colline avait été laissée derrière nous, il semblait qu'aucune impression n'avait été faite sur la grande étendue du Karoo devant nous. Mais la route descendait dans un joli petit vallon, formé par les berges en pente d'une petite rivière. Au début, quelques Voortrekker errants étaient tombés par hasard sur cet endroit fascinant, avaient balisé le ruisseau cristallin et les pâturages fertiles. Ici, il avait dépassé son équipe, attiré par des journées de randonnée, et son bivouac était devenu une demeure permanente. C'est ici qu'il avait vécu et mort, et sans doute son arrière-petit-fils possédait-il désormais la jolie petite ferme où la colonne devait faire halte à midi. Toutes les fermes hollandaises sont identiques, mais il n'y en a pas deux qui se ressemblent, ce qui constitue un paradoxe sur lequel tous ceux qui ont parcouru le Veld seront d'accord. Ce sont les mêmes kraals et les mêmes enclos à bétail. La plantation familiale entourée de murs en pierre. Les mêmes dépendances et greniers à fourrage. Le puits artésien, avec son moulin à vent qui voltige. Le barrage avec de l'eau sale, la petite maison délabrée au toit bas, blanchie à la chaux, aux portes à moitié battantes, au perron bas et à la façade en treillis. C'est seulement par leur environnement topographique qu'ils diffèrent. L'un se dressera sombre et exposé sur une plaine morne, l'autre se nichera timidement derrière un bosquet de gommiers pointus dans quelque colline ou ravin. Le hasard et la nature décident seuls si leur structure et leur cadre plaisent à l'œil. L'homme est indifférent. Une maison doit le protéger des éléments, pas améliorer le paysage ou impressionner le passant.

Bien que l'officier du renseignement connaisse peu de choses sur la science de son nouveau poste, il avait néanmoins du bon sens, qui est l'attribut le plus précieux d'un soldat, et il savait qu'après dix-huit mois de guerre, il ne fallait pas entrer au hasard dans une ferme, même si la ferme était dans la colonie du Cap. Il emprunta deux hommes à l'avant-garde et, avec l'aide du Tigre et de ses garçons, reconnut les environs avant de renvoyer chez le général pour lui dire qu'il avait trouvé un endroit idéal pour la halte de midi. Puis, comme l'avant-garde occupait les éminences les plus proches, il remit son cheval à un des garçons et se dirigea vers le perron de la ferme. Le fermier et sa *femme* se tenaient sur la véranda pour l'accueillir et, comme à leur habitude, leur famille de filles de tous âges se pressait devant la porte ouverte derrière leurs parents pour avoir une vue sur les Kharkis. Juste au moment où l'inévitable poignée de main avait eu lieu, le Tigre se leva au petit galop.

"Nous y sommes, monsieur. C'est le genre de personnes avec lesquelles nous devons traiter", et il a montré deux photos aux encadrements criards : le président Kruger et le président Steyn. "Notre digne hôte a fait une erreur de calcul ce matin, car j'ai trouvé une fille Cafre cachant ça dans les buissons."

"Que veux-tu dire?"

" Ne voyez-vous pas, monsieur, hier matin un commando était là. Puis notre fidèle ami a fait accrocher ces deux photos dans son salon. Hier soir, l'escadron du 20e Dragons est passé par ici. Mon oncle les a vu arriver, alors il s'est caché. Oom Paul et Steyn et ont mis la reine et le prince de Galles sur le mur. Après le départ de l'escadron, il s'attendait à ce que son commando revienne, alors les présidents sont partis. Nous sommes arrivés les premiers, il a donc dû y avoir une autre scène de transformation. que j'ai partiellement dérangé. Je parie mon dernier dollar que Leurs Altesses Royales ornent maintenant le salon. (Baissant la voix.) "C'est une très belle girouette, monsieur ; nous ne sommes pas à cent milles d'un commando assez fort. Il doit être dirigé par un chef influent, sinon nous ne devrions pas avoir ce petit burlesque."

Le fermier sourit avec bienveillance et imposa son hospitalité aux troupes. Le Tigre ne s'était pas trompé non plus. Là, bien sûr, sur les murs du salon reposaient des portraits en couleur de feu la reine et du roi Édouard, tandis que, alors que l'officier des renseignements entrait dans la pièce, une fille robuste s'asseyait au piano et jouait les premières mesures du Hymne national. Pauvre subterfuge, puisque la demoiselle avait négligé la faveur de l'État libre épinglée sur son sein !

" Des œufs... du beurre ? Oui, ils avaient les deux ; ils n'en seraient que trop contents ; le général n'emporterait-il pas à manger avec eux ? "

Cliquez sur l'horloge ! Cliquez sur l'horloge ! [14]

Le gros des troupes venait d'arriver, les artilleurs abreuvaient leurs chevaux, les dragons sortaient leurs mors. Les artilleurs savaient ce que cela signifiait, et le petit major, qui pour une raison quelconque avait défait sa guêtre, cria, sans changer d'attitude, le seul ordre nécessaire : « Accrochez-vous ! Pour les Dragons, les bruits étouffés ne signifiaient rien. Pour autant qu'ils savaient ou s'en souciaient à ce moment-là, ce rythme creux en écho aurait pu être celui d'une femme au foyer battant des tapis. Mais le général, l'officier du renseignement et le Tigre le savaient.

Voici la nouvelle. Un gros dragon, en sueur par tous les pores, et dont le visage exprimait la satisfaction d'un homme abattu pour la première fois, entra au galop. Il remit au général un bout de papier du subalterne qui commandait l'avant-garde :

"11h55. L'ennemi tire sur ma patrouille de flanc gauche - une cinquantaine d'hommes à cheval s'avançant vers moi. Je suis sur une colline à 500 mètres au sud-ouest de la ferme."

"C'est un bon garçon", dit le brigadier d'un air rêveur, en se retournant sur ses talons et en examinant d'un coup d'œil la topographie de notre position. " Un rapport très clair. Tiens ! vous dites à l'officier commandant le pom-pom de monter son fusil sur cette colline. Et vous (se tournant vers un autre de ses collaborateurs), " dites au colonel Washington d'envoyer un escadron avec le pom-pom. -pom ! Attendez, ne soyez pas pressé ; écoutez-moi, s'il vous plaît. Dites-lui que l'escadron doit s'étendre, prendre la montée au galop – descendre juste avant qu'il n'atteigne le sommet. Maintenant vous pouvez partir.

Puis se tournant vers le chef d'état-major : " Avez-vous une allumette ? Merci. Maintenant, dites à Freddy [15] d'envoyer deux de ses armes sur cette colline au sud du barrage. Envoyez une troupe avec lui. Je serai là. le reste attendra l'évolution !"

« Ordre donné, monsieur ! et l'officier du renseignement toucha sa casquette.

"Bien. Maintenant, vas-y avec le pompon. Je serai là ; tiens-moi au courant de l'évolution. Entendez-vous. Ne discutez pas !"

Déjà le pompon sort au trot de l'enclos de la ferme et l'escadron de dragons s'étend dans la plaine au-delà. Les visages des artilleurs sont aussi impassibles que s'ils allaient passer au galop lors d'une revue. Ils font ce genre de choses depuis des mois ; cela n'a aucune nouveauté pour eux. Mais avec les Dragons, c'est différent. C'est leur premier engagement ; vous pouvez le voir sur les visages des hommes les plus proches de vous. L'excitation qui blanchit les joues des hommes et rend chaque action anguleuse et maladroite.

« Deuxième escadron, 20e Dragoon Guards – Galop ! »

"Pom-pom—Galop !" vient l'écho.

Il faut que les Boers se rapprochent, car l'avant-garde recule. Ils reviennent pour tout ce qu'ils valent. Ce sera une course entre nous et l'ennemi pour la possession de la crête ; s'il vous plaît à la Providence, que nous soyons là les premiers, car en vérité, celui qui perd paiera l'enjeu. Les officiers s'en rendent compte et, s'asseyant à leur travail, ils prennent le pas. La ligne sauvage qui court derrière eux s'adapte à leur avance ; instinctivement, dans son excitation et son inexpérience, il se referme sur lui-même. Seulement 200 mètres de plus. La ligne d'horizon est claire et définie. Aucune tête n'est encore apparue. Cent mètres ! Maintenant nous sommes sous la montée, les chevaux sentent la colline : quelques secondes et nous saurons qui a gagné la course. "Stables, les hommes, stables !" Le bras du chef d'escadron se lève. "Arrêtez ! Descendez !" Un moment chaotique alors que la ligne frénétique se retient. "'Numéro Trois.' Où sont les « Numéros Trois » ? » – « Place au pompon. » L'équipe tendue franchit la ligne. Les soldats démontés suivent leurs officiers sur la pente. Un moment de suspense et une longue respiration. Nous sommes les premiers. Voilà les Boers qui descendent de cheval à une centaine de mètres. "Action front, le pompon." « À bas les hommes, à bas ! » viennent les ordres rauques, et une ondulation de feu crépite le long du sommet de la colline. "Laissez-leur toute la ceinture." *Pom-pom-pom-pom-pom-pom !* Le petit fusil chancelle et frémit en crachant son flot de bombes malveillantes. Pendant un instant, les Boers ripostent. Puis ils se précipitent vers leurs chevaux et, en autant de secondes qu'il faut pour allumer une cigarette, galopent *ventre à terre* à travers la plaine en un éventail toujours plus grand. Le chef impitoyable les poursuit. Les dragons se lèvent pour faciliter la rapidité du tir, tandis que le pompon brasse la poussière sèche du veld en petits tourbillons parmi les cavaliers volants. À cinq cents mètres se dresse un kopje. En trois minutes, les derniers Boers l'ont placé entre eux et le feu britannique, à l'exception des trois ou quatre qui restent immobiles dans la plaine.

"Maintenant, nous l'aurons!" et le capitaine des pompons se tourne vers le commandant de l'escadron. "Je vous conseille de faire recoucher vos hommes. Je vais manier mon fusil en bas de la pente."

" *Click-clock, click-clock, click-clock !* " disent les Mauser. Les Boers sont au sommet du kopje. C'est à leur tour maintenant. Non; il y a un rugissement derrière la ferme, puis un autre, et encore un autre. Alors trois petites boules de nuages blanches s'ouvrent sur le rebord du kopje.

"Bon petit Freddy !" soliloque le capitaine des pompons alors qu'il range ses lunettes dans leur étui. " Il les surveillait. Il faut que j'emmène ma belle jusqu'au bout de cette montée, pour les rattraper au moment de leur départ. " - " Pom-pom, assouplis-toi ! "

Boum boum boum. Encore trois petites bouffées de blanc sur le kopje. *Cliquez* une fois sur l'horloge et le pinceau était terminé. Que valait-il ? Quatre rebelles mutilés sur le veld, et un dragon vaillant, au visage blanc et aux yeux aveugles tournés vers le beau bleu du ciel !

Le brigadier galopait jusqu'à la montée. Une section de l'Artillerie à Cheval se précipita derrière lui. « Écoutez, dit-il au chef d'escadron, il faut que vous ameniez vos hommes sur ce kopje : ils ne valent pas la peine d'être poursuivis, ils ne sont pas plus de vingt. Si j'étais vous, je m'ouvrirais, me diviserais et galoperais. autour des deux flancs du kopje ; c'est un veld ouvert au-delà, et nous veillerons sur vous depuis cette crête. Vous n'en verrez pas plus que leur queue. Ne poursuivez pas au-delà de 3000 mètres. Mes ordres sont d'aller à Britstown, pour ne pas épuiser mes chevaux à cause des tireurs d'élite scallywag ! »

"Nous devons continuer et prendre contact avec notre escadron lâche ce soir", dit le brigadier, tandis que lui et son état-major préparaient à la hâte un repas de midi avec des saucisses en conserve et des œufs cuits par les femmes terrifiées de la ferme. "Je me demande ce qui est arrivé à ce pauvre petit garçon subalterne que j'ai envoyé ce matin. Ah ! voici M. Intelligence directement du champ ensanglanté ; maintenant nous allons connaître les dégâts !"

Brigadier. « Des Boers blessés ?

Officier du renseignement. "Oui, monsieur ; deux et deux tués."

B. « Les blessés sont-ils bavards ?

IO "L'un est allé trop loin, monsieur ; l'autre est assez communicatif."

B. "Eh bien, qu'a-t-il à dire ?"

IO "Il ment sur lui-même. Il jure qu'il est un Etat libre; mais en fait, son nom est Pretorius, et il est le fils du fermier de la femme duquel nous avons reçu nos guides hier soir. Par le simple hasard que nous avons pris une photographie des deux fils du fermier tirée d'un album que nous avons trouvé à la ferme. Et voici l'un d'eux blessé aujourd'hui. D'après son récit, il ressort qu'un homme appelé Lotter est ici avec un commando, et que lui et les siens ont vient de réussir une plutôt mauvaise chose. Le commando de Lotter n'a rejoint les rebelles qui revenaient de Nieuwjaarsfontein qu'il y a environ une heure. Les rebelles savaient que notre escadron avancé était dans cette ferme la nuit dernière, et quand ils nous ont vu ici, ils nous ont pris pour le major Twine, et connaissant sa force attaquée de bon cœur.

B. "Je pensais que c'était quelque chose de ce genre. Eh bien, nous n'avons pas besoin de nous dévorer à propos de Twine. Ces porcs n'en prendront pas plus aujourd'hui, surtout maintenant qu'ils ont des raisons de croire que nous sommes là. Mais nous ne perdrons pas de temps, nous continuerons dans une demi-heure. Faites passer le message et venez ensuite manger !

Alors que les ombres commençaient à s'allonger sur le niveau du Karoo rabougri, nous nous étions placés encore dix milles derrière nous sur la route de Britstown. Jamais nous n'avons vu ce jour-là un autre signe de notre ennemi. Mais ceci est typique de ces combats libres en pleine nature. Votre ennemi vient sur vous comme un diable de poussière : il apparaît, frappe, gagne ou perd, puis disparaît à nouveau aussi soudainement qu'il est venu. Vous menez votre petite bataille, enterrez vos morts, vous secouez et oubliez tout l'incident. Telle, peut-on supposer, a été, au cours de la dernière année, la nature de la vie que tous les hommes à cheval ont menée ici.

Juste avant le coucher du soleil, enveloppés dans un rideau de brume montante, nous atteignîmes une grande crête de plateau. Une région particulièrement sauvage et abandonnée.

— Il faudra s'arrêter à la première eau, dit le brigadier. " Quel endroit impie pour camper ! Eh bien, s'il n'y a pas de Boers, cela n'a pas d'importance. C'est une chance que nous ayons eu une confrontation contre ces gars-là aujourd'hui. Ils supporteront à peine une attaque nocturne avec l'écho de un chœur de pompons résonne encore à leurs oreilles. C'est un drapeau ?

L'avant-garde commençait à apparaître comme des troncs d'arbres rabougris sur la ligne d'horizon de notre front. Oui; c'était un drapeau. Il y avait encore du travail pour le lourd signaleur de dragons. Lentement, il énonça le message : "Aucun ennemi n'a été vu. La crête est dégagée. La patrouille du flanc droit a été en contact avec la troupe arrière de l'escadron du major Twine, qui se dirige maintenant vers Nieuwjaarsfontein. Le lieutenant Meadows, rejoint, rapporte que l'escadron du major Twine a vu plusieurs corps d'ennemis. " Son escadron a été abattu, mais pas sérieusement engagé. Pays très ouvert de l'autre côté de la crête. Bon terrain de camping et eau au pied de la crête. "

"Bonne affaire!" dit le brigadier en se tournant vers son chef d'état-major. "Voulez-vous galoper et délimiter un camp ? C'est un grand soulagement de constater que cet escadron avancé n'a pas été saboté."

On n'aurait pas pu trouver un terrain de camping plus lugubre. Le beau Veld semblait avoir disparu. Au lieu d'une poignée de fermes, il n'y avait qu'une seule habitation humaine en vue : un misérable édifice de boue et de briques crues appartenant à un berger Boer du type le plus bas. Le barrage était une dépression naturelle formée par ce qui semblait avoir été le cratère d'un volcan éteint depuis longtemps. Le pays qui l'entourait était des plus rudes et, pour rendre la situation encore plus déprimante, au coucher du soleil, de grands bancs de nuages s'étaient rassemblés à l'ouest. Le brigadier pouvait bien s'inquiéter du sort de sa petite force de troupes brutes dans une telle situation, et il est facile d'apprécier le sentiment qui l'a poussé à poster personnellement les piquets de nuit. Mais les troupes brutes, les transports bruts, tout s'installera avec le temps, et une heure après le coucher du soleil, les hommes prenaient leur nourriture.

Avant que le corps principal n'entre dans le camp, le Tigre avait fait une découverte. Il avait trouvé un Boer blessé dans la cabane du berger. Un jeune Néerlandais vaillant, avec sa main droite horriblement brisée par un obus à pompon. Le jeune souffrait énormément et, comme le Boer l'a si souvent prouvé, il était très communicatif face à sa blessure. C'était un État libre de Philippolis et appartenait au commando du juge Hertzog. Il était l'un des quinze éclaireurs envoyés par Hertzog, sous la direction d'un commandant appelé Lotter, pour récupérer les rebelles de Richmond et les emmener à Graaf Reinet, où les envahisseurs de De Wet avaient reçu l'ordre de se concentrer, avant d'entreprendre l'aventure la plus désespérée de l'invasion. Il approuva la version de l'autre blessé concernant l'attaque qu'ils avaient lancée contre nous dans la matinée, et il donna également spontanément l'information que Brand, Hertzog et Pretorius devaient attaquer Britstown — notre destination — ce soir même. Cette information intéressa tellement le brigadier qu'il ordonna à une patrouille d'officiers du 20th Dragoon Guards de quitter le camp à 3 heures du matin et de traverser sans arrêt Britstown pour y arriver à neuf ou dix heures du matin. Il était important de savoir si Britstown avait été attaqué, car jusqu'à la concentration du lendemain la garnison y était faible : il était également important que l'officier général commandant le mouvement combiné soit au courant de la déviation du commando de Hertzog que nous avions rencontrée. . Le lieutenant Meadows, après avoir réussi à éviter l'ennemi le matin, se vit de nouveau confier la mission et Stephanus lui fut donné comme guide.

Les nuages qui s'amassaient ne constituaient pas simplement un avertissement de saison. Une grande tempête de glace balaya la vallée, entraînant devant elle une large ceinture de poussière cinglante, et le bivouac fut frappé de part en part par une tempête de poussière sud-africaine. Cinq minutes de vent violent, avec des éclairs qui dissipent momentanément la nuit, puis une pause, annonciatrice de la pluie à venir. Quelques grosses gouttes glacées frappèrent comme de la grêle l'abri en bâche qui servait de quartier général de tente mess. S'en suivirent cinq minutes d'un déluge tel que vous ne pouvez pas concevoir en Angleterre. Un déluge contre lequel la peau cirée la plus robuste est comme un buvard. Une pluie qui semble aussi attirer les fontaines de la terre au-dessous de vous. En dix minutes, tout est fini. Les étoiles clignotent à nouveau modestement au-dessus de vous, et tout ce que vous savez de la tempête, c'est que vous voyez le vaste nuage qui s'amenuise, révélé à l'ouest par les éclairs qui s'estompent, et que vous n'avez rien de sec ni dans votre équipement ni dans votre équipement. sur votre personne.

« Nous n'avons pas vraiment peur des sentinelles endormies cette nuit », dit le chef d'état-major pendant que nous nous blottissions autour d'un feu sous la voile du chariot.

"Non; et c'est aussi bien: c'est dans ces nuits d'insomnie que le "frère" [16] aime se montrer", répondit le brigadier. "Je n'aime pas tous ces Free Staters. Ils parviendront peut-être à inciter la nouvelle génération de rebelles à commettre des actes désespérés. Les guérilleros brutaux, avec un levain de cas durs, sont toujours une source de danger. Mais je Je pense que nous avons travaillé à notre propre salut dans l'escarmouche de ce matin. Ils auraient peine à croire que nous devrions avoir une si petite force avec autant de canons. Non ; notre chance était aujourd'hui, quand ils nous ont découverts au lieu de l'escadron de Twine. Nous Je ferai quelque chose avec le 20. Ils sont parfaits : cet escadron s'est lancé dans cette montée aujourd'hui avec un style splendide. Les Boers ne supportent pas de galoper. Je suis peut-être un excentrique - ils croient que j'en suis un à Pretoria - mais je Je suis convaincu d'avoir découvert la véritable formation d'infanterie montée pour le genre de combat que nous vivons actuellement ici. Si vous trouvez votre ennemi dans une position sur laquelle vous pouvez galoper, sans arrêter votre cheval, allez-y. ordre prolongé. Vous obtiendrez plus de résultats d'une entreprise de ce genre que d'une semaine d'artillerie et d'attaque à pied. J'ai entendu dire que D. prétend être à l'origine de cette formation. Eh bien, je le pratiquais avec mes camarades du Natal avant la naissance de D., ou plutôt quand il était un enfant dans la connaissance de la guerre. Je suis aussi convaincu d'avoir raison que de dire que le fusil est le bras du cavalier. Ce n'est pas pour des tactiques de choc qu'on a besoin aujourd'hui de monter des hommes : l'usage du cheval est de se mettre dans la meilleure position de tir dans le plus bref délai possible. Les batailles du futur seront décidées par les fusils et les mitrailleuses, et non par la lance et le sabre. Il y a une hérésie pour vous ; mais c'est ma honnête conviction!"

NOTES DE BAS DE PAGE :

[13] Scélérat.

[14] Le double rapport effectué par un fusil de petit calibre.

[15] Le major commandant la batterie RHA

[16] *C'est-à-dire* , frère Boer.

IV.
LE PREMIER CONTRÔLE.

La première leçon que l'Anglais doit retenir en Afrique du Sud est qu'il ne doit pas juger le pays selon une quelconque norme européenne, car aussi longtemps qu'il continuera à le faire, il se retrouvera en mer. Montrer de la surprise, c'est déclarer l'ignorance – et les Sud-Africains britanniques et néerlandais, à l'instar de toutes les races extrêmement ignorantes, ont le plus profond mépris pour ceux chez qui ils peuvent eux-mêmes discerner l'ignorance. Ainsi, lorsque l'éminence bienveillante d'une colline vous donne une vue de dix milles d'une petite ville - une vue qui ne laisse aucune idée de l'importance du centre que vous vous apprêtez à approcher - il est bon de se taire. Car le colonial est sûrement plus imaginatif que le flegmatique Anglais, et le triste ensemble de baraques en fer blanc et de villas fragiles, qui à une si grande distance vous paraissent n'avoir guère plus d'importance qu'une ferme avec des dépendances éparses, représente à son esprit une ville. et il sera mécontent d'une évaluation moins appréciée de leur part. Cela peut paraître déraisonnable : c'est le cas, mais cela n'en est pas moins vrai ; et dans une large mesure, la divergence d'orientation entre l'esprit anglais et colonial a été responsable des ennuis qui, au début de la guerre, ont marqué nos efforts de collaboration avec nos *confrères coloniaux* . Nous avons entendu tous les défauts de l'officier britannique, parce que le Colonial pense vite et légèrement, et ne perd pas de temps à exprimer ses pensées ; on n'a pas beaucoup entendu parler des défauts du Colonial, parce que l'officier britannique, tout en concentrant ses opinions moins rapidement, quoique plus sérieusement que la plupart des Coloniaux, réserve ses critiques. Mais c'est un peuple facile à gérer, si l'on sait garder son silence sans offenser sa vanité. Ils admirent chez l'Anglais les qualités qu'eux-mêmes n'ont pas encore pleinement développées ; mais cela les blesse au vif si l'on leur impose la preuve de leur supériorité. Ainsi, lorsque l'officier commandant l'avant-garde, regardant la grande route droite menant à Britstown, une piste qui aurait fait honneur à la voie romaine de Baynards, fit des commentaires méchants sur la ville, le Tigre fut blessé et pensa des choses désagréables à propos des subalternes de la cavalerie britannique en général, et de l'officier commandant l'avant-garde en particulier. Mais Britstown était pour le Tigre une ville depuis toujours. Jusqu'à ce qu'il arrive au domaine de l'homme et visite Kimberley et Cape Town, Britstown avait été la ville de son imagination et Beaufort West sa métropole. Pour l'officier commandant l'avant-garde, Britstown et Beaufort West, réunis en un seul, n'auraient guère mérité la digne classification de village. La concentration mentale des deux hommes était différente et le Tigre estimait que le subalterne possédait la lentille la plus puissante. Pourtant, homme pour homme, à cheval ou à pied, habillé ou nu, à l'œil extérieur, il n'était pas un homme meilleur. C'est ici que réside le sentiment.

Le brigadier arrêta l'avant-garde à la montée. Il voulait savoir quelque chose sur Britstown. La vilaine rumeur selon laquelle Brand avait l'intention de prendre d'assaut et de saccager le bâtiment était toujours d'actualité. Jusqu'à présent, nous n'avions aucune nouvelle du lieutenant Meadows et de sa patrouille. À trois cents mètres sur la droite se trouvait une petite ferme. Un parvenu solitaire sur le Veld dénudé. Un cauchemar architectural en brique rouge. Déjà, une patrouille de l'écran avancé de dragons se dirigeait vers lui, attirée par ce magnétisme irrésistible pour tout soldat britannique. Un magnétisme jailli de dessous la ceinture, et qu'aucune précaution militaire, ni expérience, ni souci de sécurité personnelle ne pourra éradiquer du soldat élevé à la cantine. Si nos éclaireurs avaient été aussi réticents à l'agriculture que beaucoup d'entre eux l'ont été à l'égard des armes à feu, cela aurait fait une différence appréciable dans la liste des victimes de la campagne. Le brigadier regarda la ferme. On ne peut pas dire qu'il ait trouvé cela juste, au sens artistique du terme. Mais il y avait une marmite, [17] qui servait à l'eau pour les chevaux, et sans doute il y avait un poulailler et un beurrier.

" Monsieur le renseignement, nous prendrons le petit déjeuner dans cette ferme. Laissez l'avant-garde avancer encore un demi-mile, puis Freddy pourra abreuver ses chevaux confortablement. Ici, qui commande l'avant-garde ? Avez-vous dit à votre des hommes pour se rassembler sur cette ferme ? »

"Non monsieur."

"Alors tu ferais mieux de t'occuper d'eux."

Le jeune homme partit au galop, et il était temps, car le flanc droit avait visiblement deviné le succès dans l'attitude de la première patrouille, qui s'était arrêtée à la ferme, et l'édifice rouge et disgracieux exerçait son effet magnétique sur l'ensemble. avant-garde. Lorsque l'officier commandant l'avant-garde arriva, le dragon n° 1 avait déjà la tête enfouie dans un seau de lait, tandis que le dragon n° 2 fourrait indistinctement autant d'œufs et de noisettes de beurre dans un carré de mouchoir rouge que ledit carré. contiendrait.

Le brigadier s'approcha de la ferme et remit ses rênes à son ordonnance. La famille a défilé sur le perron, comme le font toutes les familles néerlandaises en des occasions similaires. Et, comme c'est l'habitude du pays, le brigadier leur serra la main à tous avec une grande dignité. Mais il n'avait pas d'yeux pour Oom Jan à la tête massive et à la barbe touffue, pas d'yeux pour la grosse madame sa *frau*, ni pour ses six filles solides et bosselées, car il était occupé à enfreindre le dixième commandement. Devant la maison, sur la clairière d'argile battue, se trouvait une voiture vraiment magnifique – un chariot familial à ressorts à quatre roues, riche en revêtement rembourré, en morceaux galvanisés et en finitions en verre taillé. Le brigadier l'examina attentivement, puis envoya son ordonnance chercher l'officier réquisitionnant. Dans ce cas, il s'agissait de l'officier d'approvisionnement, un garçon à l'esprit vif, qui se croyait pour le moment un subalterne, mais qui était en réalité le plus jeune major breveté de l'armée britannique. [18]

Brigadier. "Écoutez ici, M. Supply ; je veux que vous appréciiez cette *imposture* ." [19]

Officier d'approvisionnement. "Très bien, monsieur ; ça a l'air d'être un bon chariot."

B. « Connaissez-vous votre Shakespeare ? »

Alors "Non, monsieur. J'étais milicien; mais je m'instruis en matière de charrettes sud-africaines, et j'ai découvert que même avec un usage équitable et de bonnes dérives, la peinture se détache parfois."

B. "Tout à fait ; vous avez fait valoir mon point de vue, malgré votre modestie à l'égard de votre éducation. Quelle est la limite maximale à laquelle vous pouvez réquisitionner une charrette à ressort ?"

Alors "Quarante livres, monsieur."

B. « Selon vous, quelle est la valeur de celui-ci ?

ALORS "Trente-neuf livres dix shillings, monsieur !"

B. "Je pense que vous avez raison de quelques centimes près. Établissez un reçu, puis venez prendre le petit déjeuner. Ici, Monsieur le Renseignement, dites à mon domestique de mettre les poneys dans cette charrette. Maintenant, j'appelle cela un moyen de transport convenable pour un officier général. Je n'ai jamais eu de chariot décent depuis que je commande une colonne. En fait, j'ai presque eu honte de me signer comme commandant de brigade, alors que ma seule possession était un cap en panne. charrette avec un seul ressort. Le respect de soi est la moitié de la bataille dans le succès de la vie. Avec une charrette comme celle-là, je pourrai insulter avec un cœur léger tout commandant de colonne avec lequel on me dit de coopérer. Regardez ici, Monsieur le renseignement ; je vais être un vrai brigadier à l'avenir. Donnez-moi simplement les insignes de Britstown : un drapeau rose et une lanterne rouge. Je ne vois pas pourquoi - mais que voulez-vous - ? »

Un hurlement s'était élevé en chœur dans la famille sur la véranda de la ferme, et le vieux Oom Jan s'approchait, le chapeau de brigadier à la main.

Oom Jan. "Mais le commandant ne veut pas prendre ma charrette ?"

Brigadier. "Cher moi ! non, aucun commandant ne prendra votre charrette."

OJ "Mais tu vois, ils mettent les chevaux dedans !"

B. "Vous recevrez un reçu."

JO "Pour combien ?"

B. "Quarante livres."

OJ "Non, non. L'année dernière seulement, j'ai donné 120 £ pour cela."

B. "Je donnerais volontiers 120 £ ; mais je n'y suis pas autorisé. De plus, vous en obtenez la pleine valeur et je vous laisserai mon ancien chariot."

La durée de l'altercation aurait dépendu de la durée de la bonne humeur du général, si une autre question plus importante n'avait pas porté préjudice au cas d'Oom Jan. Un dragon était arrivé de l'arrière-garde au petit galop, avec ces deux petits centimètres carrés de papier arrachés à un cahier qui comptent tant en guerre.

"Un groupe d'environ six hommes à cheval sont suspendus à mes arrières. S'ils s'approchent plus près, je leur tirerai dessus. Ils semblent très persistants et n'hésitent pas à s'exposer."

Au moment où le brigadier remettait la note au chef d'état-major, la menace de tirs éclata à l'arrière. Le petit-déjeuner fut déclaré prêt au même moment. Le brigadier a écouté. Deux autres coups de feu furent tirés, puis le silence.

"Cela," dit le brigadier, "est une bataille à sens unique. Cela peut attendre que nous ayons mangé. Je ne vais pas permettre à six hommes de jouer au "Vieux Harry" avec ma digestion."

Au fur et à mesure que le repas avançait, un autre infirmier de la flotte arriva.

"Je regrette de dire que le groupe signalé sur mes arrières était le lieutenant Meadows, qui aurait dû être à Britstown ce matin. Il s'est égaré dans la nuit. Je l'envoie vous expliquer. Je regrette que nous ayons abattu l'un de ses les chevaux."

Brigadier. "Je pensais que c'était une bataille à sens unique. Je ne sais pas qui est le plus imbécile, l'officier commandant l'arrière-garde ou le jeune qui s'est égaré dans le noir. Lui avez-vous donné un guide, Monsieur le Renseignement ? ?"

Officier du renseignement. "Oui, monsieur; je lui ai donné le bourgeois apprivoisé Stephanus que nous avons encordé à Richmond Road."

B. "Ces hommes sertis ne valent rien. Il les a glissés dans le noir, je parie. Salut ! voici le garçon. Sa tranquillité d'esprit, j'imagine, ne vaudrait pas grand-chose dans une vente aux enchères publique."

Un petit subalterne dragon à l'air intelligent, quoique taché par le voyage, se leva au petit galop, descendit de cheval et salua. Le brigadier avait raison ; il n'avait pas l'air particulièrement heureux. Il y eut un moment de silence pendant que le brigadier prenait une cuillerée de marmelade, puis il se tourna vers le garçon.

"Eh bien, mon Ulysse de poche, quelle est l'étendue de ton aventure ?"

Prés. « Je me suis perdu, monsieur !

Brigadier. "Et ton guide ?"

M. "J'ai dû le laisser derrière moi, monsieur !"

B. "Ce qui veut dire qu'il t'a quitté !"

M. "Il a essayé, monsieur; mais il n'est pas allé loin !"

B. « Que s'est-il passé ? »

M. "D'abord, il nous a mal pris, il nous a ramenés par la route par laquelle nous étions venus. Puis, quand je lui ai parlé, il a essayé de s'enfuir et j'ai dû lui tirer dessus !"

B. (*s'intéressant soudain*) " Bon sang ! As-tu mangé quelque chose ? Asseyez-vous et mangez. L'avez-vous tué ? "

M. "Non, monsieur ; je l'ai laissé avec cet autre Boer blessé dans la hutte de terre près du dernier camp. Mais il est très malade. Nous avons fait ce que nous avons pu pour lui."

B. "Evidemment ! Etes-vous sûr qu'il vous conduisait mal ?"

M. "Oui, monsieur. Il nous ramenait sur la route par laquelle nous venions de Richmond Road. Nous sommes tombés sur une des bouteilles d'eau de mes propres hommes qu'il avait laissé tomber plus tôt dans la journée. Dès que le guide a vu ce que c'était, il a essayé de faire un verrou."

B. "Preuve circonstancielle, je pense ; verdict et sentence en un. Eh bien, vous avez au moins la satisfaction de savoir que vous avez fait tomber votre homme. Mais la prochaine fois, ne frappez pas si fort un guide réfractaire. J'ai une idée que si vous aviez tiré moins droit, vous auriez pu exécuter vos ordres même avec un guide réfractaire. Où sont les télégrammes ? Remettez-les à votre colonel et dites-lui d'envoyer immédiatement un autre officier avec eux. Non, donnez-le. Donnez-les-moi. Ici, M. Intelligence, c'est parti. Entrez simplement dans Britstown aussi vite que possible. Comme nous n'avons pas vu de fumée s'enrouler sur le paysage, je suppose que Brand and Co. a reporté ses bons offices. . Mais si quelque chose ne va pas, pensez à ce que vous parveniez à me faire revenir avec l'information par un membre de votre groupe.

L'officier du renseignement et le Tigre n'avaient pas laissé la colonne à un kilomètre derrière eux lorsqu'ils rencontrèrent une charrette du Cap venant de Britstown sur la route poussiéreuse. Elle était conduite par un jeune homme d'environ dix-huit ans, qui arrêtait sa paire de mules avec la plus grande indifférence au signal du Tigre.

Tigre. "Bonjour. Quel est votre nom ?"

Conducteur. "Bonjour. Naude."

T. "D'où viens-tu ?"

D. « Britstown ! »

T. (*qui était maintenant près du chariot et occupé à l'examiner*) " Qu'avez-vous fait à Britstown, et depuis combien de temps y êtes-vous ? "

D. "J'y suis depuis une dizaine de jours : ma femme y est enfermée !"

T. "Alors vous l'avez emmenée faire un tour en voiture aujourd'hui ?"

D. "Non. Comment pourrais-je?"

T. "Alors vous conduisiez une autre dame ?"

D. "Non."

T. "Pourquoi as-tu mis ces deux coussins sur le siège ? A quoi ça sert de s'allonger ? Où vas-tu maintenant ?"

D. « Retour chez moi ! »

T. "Où est-ce ?"

D. "Drieputs, deux heures [20] dessus."

T. (*décidément*) "Maintenant, regarde ici, ça ne sert plus à rien de mentir. Je vais te dire ce que tu as fait et qui tu es. Tu es le fils du vieux Pretorius de Richmond Road. Hier tu étais en commando avec Lotter ; votre frère a été abattu et emmené par nous. Je ne sais pas où vous avez dormi la nuit dernière ; mais ce que je sais, c'est qu'hier vous avez conduit un homme blessé à Britstown, et probablement une dame aussi. La dame venait de Nieuwjaarsfontein. " Car vous voyez, les coussins que vous avez sur votre siège avant sont sortis du *sitkomer de Nieuwjaarsfontein* . [21] J'en ai un semblable, que j'ai moi-même pris à la ferme. Alors ne mentez plus. Dites-moi qui est dans Britstown?"

D. (qui avait perdu son air de froide indifférence et commençait à bouger inconfortablement) " Britstown est pleine de Kharkis ; ils arrivent maintenant rapidement. "

Officier du renseignement. "Est-ce que cette route est dégagée vers le *Dorp* ?" [22]

D. (avec un sarcasme poli) "Vous pouvez parcourir cette route en toute sécurité."

T. (joyeusement) "C'est plus que vous ne pouvez, mon ami. (*se tournant vers l'officier du renseignement.*) Cet homme a manifestement, monsieur, transmis des informations aux gens de Brand et à un homme blessé à Britstown ; voyez le sang sur le dos du Je devrais le garder prisonnier, monsieur, le renvoyer à la colonne avec un homme. D'ailleurs, si je dois rester avec vous, monsieur, j'aimerais sa charrette et ses mules. Ce sont de bonnes mules, voyez-vous . J'ai fait un aller-retour en ville et j'ai à peine bougé un cheveu ! "...

Il n'y avait aucun doute quant à l'occupation de Britstown lorsque l'officier du renseignement et son escorte traversèrent le vlei, qui est la principale caractéristique périphérique de ce petit township sud-africain typique. La route De Aar était un bloc de transport en mouvement, et la rue principale du village, habituellement calme, était animée par des troupes. En vérité, une concentration était en train de se produire, et les Néerlandais ne se trompaient pas dans leur comparaison lorsqu'ils comparaient une concentration britannique à un vol de sauterelles.

Très peu d'entre vous ont déjà entendu parler de Britstown. Pourtant, comme tant d'autres townships sud-africains obscurs, cette guerre lui a valu une histoire. Les archives historiques qui ont été constituées à son sujet ne sont pas non plus d'une valeur extraordinaire. Nombreux sont ceux qui, dans les rangs d'un certain corps privilégié, chériront à peine le souvenir de ce petit asile au bord de la route. Nous nous souvenons de l'époque où les journaux étaient remplis des exploits et de la bravoure de ce corps de retour, alors Britstown n'en trouvait aucune mention. Pourtant, ses associations, aussi agréables soient-elles, sont étroitement liées à son histoire éphémère. L'histoire est racontée aujourd'hui dans les bars des hôtels du petit township par de joyeux coloniaux. On raconte comment, au cours d'un combat ouvert, une poignée de fermiers rebelles - peut-être parmi eux nos amis les frères Pretorius et Stephanus - conduisirent deux compagnies de *l'élite* anglaise chaque mile des vingt-deux qui s'étendent entre Houwater et Britstown. Le Colonial, trinquant son verre, — peu profond dans son goût et son appréciation, — se glorifie de l'histoire, qui est écrite en grand dans la petite ville rebelle de Britstown encore aujourd'hui, et le sera pour toujours.

Un piquet de milice est à cheval sur la route. Aucun, du moins par la route principale, ne peut pénétrer dans les limites de la ville sans autorisation. Le rustre impassible de sentinelle considère tous les nouveaux arrivants avec méfiance. Mais l'impasse est sauvée par l'arrivée d'un jeune pimpant, au visage potelé, propre, bien soigné en tenues et en équipement.

"Je suis l'officier d'état-major du commandant de la ville. Que puis-je faire pour vous ?"

Officier du renseignement. "Ce que je veux, c'est le bureau du télégraphe."

Officier d'état major. — Certainement, monsieur ; mais à quoi appartenez-vous ? Êtes-vous à la colonne principale ?

IO "Cher moi, non. Je reviens tout juste de la Nouvelle Brigade de Cavalerie !"

Alors "Oui, nous vous attendons. Vous devez camper du côté sud de la ville. Juste sous le parapet de ces défenses. Ce sont nos défenses sud. Qu'en pensez-vous ? Brand a eu l'impertinence d'envoyer hier soir et exigeons notre capitulation immédiate. Que nous, Britstown, devrions nous rendre———!"

IO (*brutalement*) "Et vous l'avez fait ? Regardez ici ; vous devrez attendre que le général vienne pour organiser votre camping. Tout ce que je veux, c'est le bureau télégraphique."

Bien sûr, nous ne nous sommes pas rendus. Eh bien, nous avons rendu cet endroit imprenable. Il y a ici trois compagnies de mon régiment, sans parler de la garde municipale locale."

IO "Oh, accrochez la garde de la ville ! Vous trottez et trouvez le chef de notre état-major. J'ai autre chose à penser. Au fait, le reste de la nouvelle brigade de cavalerie est-il venu ici ? Le Mount Nelson Light Horse ... ils marchent depuis Hanover Road ?

Alors "Non, mais il y a du transport de bœufs pour vous avec la colonne de ravitaillement. À quelle distance se trouve votre général ?"

IO "Environ trois miles. Merci." (*L'officier du renseignement et le Tigre continuent de galoper.*)

Tigre. "S'il vous plaît, monsieur, a-t-il dit que la colonne De Aar était là ?"

IO "Oui. Pourquoi ?"

T. "Seul le gros des guides de Rimington, c'est-à-dire de Damant, est avec lui, et j'aimerais aller les voir dès que je vous aurai montré le bureau télégraphique. J'essaierai également de découvrir ce que le jeune Pretorius ce que je faisais ici hier soir."

Cinq minutes plus tard, un message « dégager la ligne » était en route vers le « chef de Pretoria » pour lui dire que la concentration ordonnée il y a deux jours avait eu lieu. Pour nous, en suivant le sort d'une petite unité dans le grand mouvement, il apparaîtra qu'au cours de nos quarante-huit heures d'association avec la Nouvelle Brigade de Cavalerie, tout s'est déroulé comme aurait pu le souhaiter le maître d'œuvre. Mais ce n'était pas le cas. Presque avant que le dernier des chevaux ne soit débarqué à Richmond Road, la nature et la nécessité du mouvement avaient changé. Bref, tout s'était passé comme le brigadier l'avait prévu. Plumer, avec la ténacité qui fait sa renommée, s'était accroché à l'arrière-garde de la colonne de De Wet, s'emparant d'un chariot par-ci et d'une charrette par-là, jusqu'à ce que lui-même ne puisse plus avancer. De Wet lui avait survécu et avait d'ailleurs compris qu'il serait inutile de poursuivre son programme initial. Il doubla donc encore et encore, de sorte que le système intelligemment conçu de relais des colonnes motrices était détraqué, et qu'une douzaine d'unités étaient inutilement réparties sur le veld à cent milles de l'endroit où l'envahisseur reprenait son souffle. , à distance moqueuse de la colonne qui s'était refroidie à sa poursuite. Ainsi, quarante-huit heures après le départ, tout le plan devait être reconstruit. Cette reconstruction fut expliquée à la nouvelle brigade de cavalerie au moyen de cent quatre télégrammes qui attendaient son arrivée à Britstown. Comme la majorité transmettait des instructions contradictoires, la reconstitution du sens réel ressemblait à un de ces jeux de salon après le dîner avec lesquels sont séduits les invités bâillants des fêtes d'hiver à la maison. Le premier capot ouvert prive le brigadier de son chef d'état-major. Cet officier reçut l'ordre de prendre sans délai le commandement d'une colonne mobile qui devait être formée à Volksrust, à l'autre bout du monde, c'est-à-dire le monde dont nous nous occupons actuellement.

"N'ouvrez plus avant que nous ayons mangé", dit le brigadier. "Un homme avec l'estomac vide n'a pas d'esprit. Nous prendrons un bon thé au Carlton local, puis nous élaborerons une stratégie."

Un général en campagne est un grand homme. Mais un général dans une ville où se sont concentrés une demi-douzaine de corps coloniaux ne compte pas. Dans la rue, des hommes le croisent sans le reconnaître et, dans les hôtels, des bretteurs privés coiffés de chapeaux smasher le bousculent littéralement.

"Cette table est réservée au commandant", dit l'ample hôtesse du Britstown Carlton.

"Qui est le commandant ?" demanda le brigadier.

"Major Jones", fut la réponse.

"Eh bien, je suis... ! C'est mieux qu'un combat de coqs. C'est le résultat de la loi martiale et du contrôle des permis d'alcool ! - une grande réserve bien nourrie siège, tandis qu'un général affamé se lève !" Le général et l'état-major de la nouvelle brigade de cavalerie occupèrent la table réservée et devinrent les hôtes de l'hôtel en commun avec trente soldats échevelés qui étaient entrés dans l'hôtel, se présentant à la sentinelle hébétée de la milice à la porte comme des officiers. La nourriture n'était peut-être pas la meilleure, mais elle était abondante ; et au bout d'un quart d'heure le brigadier était prêt à étudier ses instructions.

B. "Maintenant, Monsieur le Renseignement, puisqu'ils jugent bon de destituer mon chef d'état-major, vous devez être la femme de ménage à tout faire. Vous et moi devons diriger cette brigade jusqu'à l'arrivée du major de brigade. Il doit être un peu « lent », je pense, sinon il aurait été ici avec le reste de mes hoplites à ce moment-là. Connaissez-vous quelque chose au travail d'état-major ?

Officier du renseignement. "Rien monsieur!"

B. " Tant mieux ; vous aurez alors l'esprit mûr pour l'enseignement. Maintenant, je vais vous donner une leçon. Vous avez deux poches dans votre tunique. La poche droite sera le réceptacle des télégrammes " d'affaires ", la gauche pour les télégrammes " d'affaires ". 'blague.' Maintenant, les télégrammes ! »

Il serait hors du cadre de cette esquisse de donner le contenu des cent quatre télégrammes accumulés en quarante-huit heures. Il suffira de constater que quatre-vingt-dix-sept furent relégués dans la poche du « bunkum », et sept furent retenus comme transmettant des ordres intelligents dignes de considération. Il est superflu de mentionner que l'ensemble des messages envoyés par les services de renseignement locaux et par l'expert de De Wet ont été qualifiés de "bottes", souvent sans être consultés. Comme le faisait remarquer pertinemment le brigadier : « Je suppose que ces pauvres gens doivent justifier leur existence en tant que membres du grand système cérébral de l'armée. Le seul moyen par lequel ils se font connaître est de dilapider l'argent public, et ils ne font que nuire. ceux qui prennent leurs informations au sérieux. Ils ne vous font aucun mal si vous ignorez systématiquement leur existence et ne vous souciez pas de lire leurs messages.

La somme totale des messages d'instructions que le brigadier avait si bizarrement classés comme « matériels commerciaux » était une information du chef de Pretoria, selon laquelle le plan des opérations avait été modifié. Que notre général devait coopérer — mot au sens très élastique et responsable de nombreuses mutineries couvertes de velours au cours de la campagne actuelle — avec les colonnes de son voisinage qui, au-delà du squelette de la nouvelle brigade de cavalerie, s'étaient concentrées ce jour-là à Britstown. Un message chiffré donnait une idée du plan qui était né comme un phénix des cendres des dispositions originelles. De Wet, au lieu d'être attiré vers le sud, devait être conduit vers le nord dans la boucle du fleuve Orange entre Prieska et Hopetown, où la colonne de Charles Knox et une colonne de bretteurs du Kimberley seraient prêtes à l'attendre. Les colonnes de Britstown, et le brigadier de la New Cavalry Brigade coopérant, pousseraient la roue nord dans l'alignement du Plumer haletant, maintenant au nord de Strydenburg, puis « En avant ! Aujourd'hui, tout comme le projet initial présentait, sur le papier, un stratagème très raisonnable et plein de bon sens, il en va de même pour la nouvelle incubation. Mais il y avait trois facteurs principaux sur lesquels le bonnet doré de Pretoria n'avait aucun contrôle, et qui ont contribué à ce résultat, comme ils ont contribué à quatre-vingt-dix-neuf des cent projets entrepris pendant la guerre de guérilla. Le premier de ces trois principes résidait dans le fait que la stratégie était une conformation aux mouvements de l'ennemi. Cela lui a naturellement donné le temps de réfléchir et de développer son contre-attaque, avec tous les avantages en jeu. Le numéro 2 se trouve dans la timidité de certains commandants de colonne. Des hommes qui, proverbialement, profitent de chaque occasion pour sacrifier l'essentiel pour poursuivre une politique subsidiaire. Les hommes que De Wet aime et avec lesquels il joue, leurrent et bluffent jusqu'à ce qu'il atteigne son objectif. Des hommes dont le cœur ne veut pas les mener, comme Plumer, « slap-bang » tout au long du parcours qui doit conduire à de lourdes conclusions, si l'ennemi veut se battre ; mais qui préfèrent gaspiller le *moral* et l'efficacité de leurs colonnes en poursuivant un ennemi fantôme. Choisissant un pays dans lequel un ennemi aussi sagace que les Boers n'opérerait jamais, ces hommes prennent soin de ne pas abandonner la sécurité qu'elle offre, bien que leurs télégrammes au quartier général accumulent les statistiques qui ont égaré nos calculs tout au long de la guerre. La troisième raison est tout aussi déplorable. C'est la résistance passive manifestée entre les commandants de colonne, qui sont appelés à coopérer. Ces dirigeants, au lieu de concentrer toutes les différences dans un objectif commun, travaillent plutôt comme s'ils étaient employés dans une compétition commerciale. Et pourquoi est-ce ? Demandez à l'homme de Pretoria avec la main sur la barre. La centralisation n'est-elle pas la cause de tout cela ? La centralisation de l'autorité dirigeante ne signifie-t-elle pas que tout succès est jugé d'après les résultats personnels, que l'on sélectionne comme privilégié celui qui peut prétendre avoir le plus de scalps accrochés à sa ceinture. Telle est la nature de la guerre pour laquelle la nation britannique se contente de payer plusieurs millions par mois !

« S'il vous plaît, monsieur, puis-je vous parler un instant ? Le Tigre se tenait sur le seuil de la salle à manger de l'hôtel.

« Quelque chose de sérieux ? » demanda l'officier du renseignement.

"J'ai fait une découverte."

"Pouvez-vous m'épargner, monsieur ?" (*au brigadier.*)

"Pour une demi-heure. Je descends au bureau du commandant voir le général. Retrouvez-moi là-bas dans une demi-heure."

"Qu'est-ce qu'il y a, Tigre ?"

"Je vais maintenant vous montrer quelque chose qui vous ouvrira les yeux. Quelque chose qui vous montrera comment fonctionne ce jeu. Ce n'est qu'à environ deux minutes à pied d'ici."

Alors que l'officier de renseignement et le Tigre avançaient dans la rue principale, il n'aurait pas fallu beaucoup de force à l'imagination pour imaginer que la ville avait récemment été prise d'assaut et que les troupes victorieuses avaient accordé la licence résultant des combats de rue. Même au cours des quelques courtes heures d'occupation, la débauche avait fait son chemin. L'ivresse est le pire attribut du soldat irrégulier avec cinq shillings par jour. Si le Colonial a de l'argent, il boira. Là où l'homme blanc moyen salue un ami ou une connaissance en lui serrant la main, le colonial sud-africain l'appelle au bar le plus proche et ils boivent leur salutation. Lorsqu'une demi-douzaine de corps coloniaux « en route » se réunissent dans un township au bord d'une route, ils le transforment en un enfer. Ici, ils entraient et sortaient des maisons dans une hilarité ivre. Les citadins, ravis de leur arrivée opportune alors que Brand était à leurs portes, les harcèlent avec le faux alcool qui passe pour du whisky en Afrique du Sud. Si l'esprit est là, aucune précaution militaire n'empêchera le soldat colonial de le sécuriser. Vous ne pouvez pas arrêter des régiments entiers, officiers comme hommes. Et lorsqu'un régiment colonial « prend de l'ampleur », dans la majorité des cas, il serait difficile pour quiconque, sauf pour un expert, de distinguer un officier d'un homme. Et tandis que des jeunes hommes coiffés de chapeaux smasher se bousculent dans les rues, les troupes britanniques sobres les regardent fixement et s'interrogent. Certains, il est vrai, se séparent des émeutiers. Mais ils sont peu nombreux. La discipline et le manque de moyens les soutiennent au moins sur une surface de vertu. Pourtant, c'est à l'honneur de ces voyous de la ville, l'homme qui boit le plus l'après-midi vous suivra le plus droit le matin !

L'officier de renseignement et le Tigre étaient arrivés dans une petite maison à la périphérie de la ville. Une demeure primitive mais jolie – une villa jouet en étain.

"Entrez", dit le Tigre.

L'officier des renseignements a frappé et est entré. Il fut accueilli avec un sourire par la jolie Hollandaise aux grands yeux bleus, qui avait tant joué sur ses sentiments à Richmond Road.

"Mlle Pretorius !"

NOTES DE BAS DE PAGE :

[17] Barrage ou bassin d'eau.

[18] Lorsqu'ils sortaient avec une colonne, les hommes mettaient souvent des semaines avant de savoir ce que la Gazette leur avait donné.

[19] Hindoustani familier : calèche à bœufs.

[20] Méthode Boer d'évaluation des distances.

[21] Salon.

[22] Village.

V.
UN NOUVEAU CAST.

Pour le moment, l'officier du renseignement pouvait difficilement dissimuler son étonnement. Ici, debout devant lui, se trouvait la jeune fille qui lui avait donné sa première leçon de jurisprudence. Le souvenir des incidents de la ferme, sa colère avec le Tigre, ses larmes pour son amant, avaient été presque effacés par les vicissitudes des dernières quarante-huit heures. S'il avait jamais pensé à la jeune fille, c'était dans le même esprit qu'un marin évoque un navire qui passe, dont les lignes galbées étaient à peine distinguables dans la nuit. Sa surprise était telle qu'il ne pouvait que s'étonner que, alors que, taché par le voyage et échevelé, il était arrivé à Britstown avec effort, elle avait déjà atteint ce but et, à en juger par la propreté étudiée de sa tenue, l'avait atteint avec beaucoup d'efforts. une aisance consommée. Son sourire et son attitude lorsqu'elle tendait la main à son visiteur exprimaient sa satisfaction de la réunion, une satisfaction tempérée par la détermination de montrer un front qui devrait exprimer toute la mesure de la résistance. Profitant de la surprise de son officier, le Tigre se retira discrètement.

Officier du renseignement. "Miss Pretorius, comment êtes-vous arrivée ici ?"

Mlle Prétorius. "Tout simplement. En partie à cheval, en partie dans une charrette du Cap."

IO (*se remettant un peu*) " Naturellement ; je ne pensais pas que vous aviez marché. Mais dans quel but ? "

Miss P. (*les coins de sa jolie bouche s'affaissant de défi*) "J'aurais facilement pu marcher et arriver avant une colonne britannique. Quant à mon objectif en venant ici, votre espion Africander vous en a sûrement informé ?"

IO "Si tu parles du Tigre, il ne m'a rien dit !"

Miss P. "Et puis-je aussi vous demander quelque chose : quelle autorité avez-vous pour me poser une telle question ? Dans l'institution qui se piquait de m'enseigner, à moi, une fille africaine, les mœurs et les coutumes des Anglais, on insistait sur le impertinence de poser des questions personnelles.

IO "Je dois m'excuser, Miss Pretorius. Mais les circonstances ne sont guère normales. Nous ne pouvons échapper au fait que nous sommes influencés contre notre meilleure nature par un malheureux état de guerre."

Miss P. (*irritable*) "Oh, la guerre ! C'est exactement comme vous, les Anglais, vous les modèles de vertu virile, vous faites de la guerre un manteau pour tous vos péchés. C'est une guerre tellement honnête, donc dans sa promotion, vous pouvez faire pas de tort - cela ne peut même pas être inconvenant. C'est ce qui vous a rendu si aimé dans les républiques ; mais comment votre attitude est-elle valable envers moi ? Je suis un sujet britannique loyal, vivant en paix avec tous les hommes dans une colonie britannique. avez-vous donc raison de me catéchiser sur mes allées et venues ? Je ne vis même pas dans le territoire légitime de votre soi-disant guerre juste. Je ne suis exposé qu'à ses rigueurs, c'est-à-dire jusqu'à l'insolence de ceux qui devraient être nos défenseurs nous affectent, nous les femmes, parce que vous les Anglais, malgré votre puissance vantée et votre grandeur militaire, ne pouvez pas nous défendre, nous, vos dépendants Africander, contre quelques simples fermiers. Où est votre virilité, où est l'allure courtoise de l'Anglais ? , dont j'ai tant entendu parler et si peu vu ?

IO "Vraiment, Miss Pretorius, si je puis dire, je pense que vous exagérez les choses. Malheureusement, nous sommes en guerre. Vous réclamez de la considération sur le plan de la loyauté. Êtes-vous étonnée que je me sois trompé sur votre attitude à notre égard ? Votre Hier encore, deux frères étaient en armes contre nous. L'un est blessé, l'autre prisonnier entre nos mains. Est-il surprenant que je vous considère comme leur complice de rébellion ?

Miss P. « Rien ne m'étonne de ce qu'un Anglais puisse faire. Mais pourquoi devrais-je être compromis parce que mes frères ont pris les armes contre vous. Ne suis-je pas en âge de formuler mes propres opinions ? que nous, les pauvres filles Africander, n'avons aucune intelligence, que nos opinions doivent nécessairement être liées à celles de nos hommes, que nous n'avons aucun esprit au-dessus des devoirs de la laborieuse hausfrau? Non, monsieur, je suis un loyaliste Africander - plus loyal de loin que le blanc renégat qui vous a amené ici. Et si vous souhaitez connaître la raison de ma présence à Britstown, je n'hésiterai pas à vous le dire, à condition que vous ne prétendiez pas avoir l'information comme un droit.

IO (*avec une pointe de pénitence dans la voix, qui fit un instant apparaître un sourire aux coins des lèvres de la jeune fille*) "Bien sûr, Miss Pretorius, je n'ai aucun droit. Vous persisterez à me mal comprendre."

Miss P. "C'est un problème simple. Je suis loyale, comme je l'ai dit, mais je suis d'abord une fille et une sœur, puis une patriote. Dans un accès de bravade insignifiante, tempérée peut-être par une contrainte venue de l'autre côté de la frontière, ma vieille père et frères avaient rejoint un commando rebelle. Toi, avec une naïveté à laquelle je ne m'attendais guère de toi et pour laquelle je t'aimais, tu m'as fait part de l'objectif de ta chronique, information qui signifiait tout pour moi, et peut-être pour toi, car on aurait dit que vous auriez aimé vous mordre la langue après vous en être séparé. Moi, avec l'intention honnête de sauver mon père et mes frères de vous, je suis allé vers eux à cheval cette nuit-là. Je ne savais alors rien de Lotter et " Les hommes de Hertzog. S'il n'y avait pas eu les combats, je serais maintenant de retour à Richmond Road. Dans l'état actuel des choses, mon pauvre père blessé dans la pièce voisine est une raison suffisante pour ma présence ici. "

IO (qui, comme un Anglais, était tout à la fois tout en sympathie) "Oh, c'est alors votre père que vous avez amené avec vous dans la charrette du Cap. J'espère qu'il n'est pas grièvement blessé. Puis-je le voir ?"

Miss P. " Cela ne servirait à rien que vous le voyiez, car il dort actuellement. Non ; il ne l'est pas, il n'est pas gravement blessé. Il a reçu une balle dans l'épaule, — heureusement, il n'a pas touché son poumon. "

IO (avec une sollicitude non affectée) "Je suis vraiment désolé pour vous, Miss Pretorius ; ces dernières quarante-huit heures ont été pleines d'ennuis pour vous. Mais je doute que vous connaissiez le pire !"

Miss P. (pâlissant soudain et perdant momentanément son sang-froid) "Le pire !... vous n'avez sûrement pas brûlé notre ferme ? Vous ne brûlez pas les fermes de la Colonie !"

IO "Non, pas votre ferme ; mais j'ai bien peur que votre chérie ait été durement touchée !"

Miss P. (avec un soulagement et une surprise évidents) "Ma chérie !"

IO "Oui, le guide que nous avons emmené dans votre ferme. Il a tenté de s'enfuir et a malheureusement été abattu."

Miss P. (éclatant de rire) "Oh, Stephanus ! Ce n'est pas mon chéri. Comment pourrait-il l'être ? Ce n'est qu'un amateur !"

IO "Mais tu m'as dit qu'il l'était quand j'ai suggéré pour la première fois de l'emmener avec moi !"

Miss P. "Vraiment ? Ce n'était donc pas la vérité ; ce n'était qu'un ajout au rôle que je jouais alors."

IO "Comment puis-je savoir que tu ne joues plus un rôle ?"

Miss P. "Si c'est le cas, alors c'est très triste. Non, vous pouvez me faire confiance maintenant. J'ai joué mon rôle, et si quelque chose que je pouvais faire pour vous pouvait mettre fin à cette terrible guerre, je serais heureux de vous aider. !"

IO "Vous pouvez m'aider, si vous le voulez ; mais après ce que vous avez dit sur mon manque de manières, j'ai peur de vous poser une question."

Mademoiselle P. "Je vous ai pardonné cela ; et maintenant que vous ne revendiquez plus le droit de m'interroger, cela ne me dérange pas de vous répondre si je peux !"

IO "Comment, si votre but était de sauver votre père, est-il arrivé que Lotter ait été informé de notre présence à Richmond Road ?"

Mlle P. "Je m'attendais à ce que vous me demandiez cela. Je ne lui ai pas dit personnellement et je ne l'aurais en aucun cas fait. Mais le fait que je sois arrivée en toute hâte aux petites heures du matin avait une signification particulière pour moi. le commando, et je n'avais pas besoin d'ouvrir la bouche. J'ose dire que ce soir, il y aura cent filles Africander en selle dans différents endroits de la Colonie. Quand l'urgence est grande, une fille est plus fiable qu'un Cafre. C'est un de nos moyens de communication. Là, n'est-ce pas un aveu digne d'un fidèle Africander ?

IO (*tendant la main*) "Au revoir, Miss Pretorius."

Il aurait été difficile d'analyser les sentiments de l'officier du renseignement alors qu'il retournait à grands pas dans la rue principale de Britstown pour respecter son rendez-vous avec son brigadier. Il ne comprenait pas deux choses : l'anomalie de sa deuxième rencontre avec la fille Pretorius, et l'attitude de cette dernière à l'égard du Tigre. Il ne pouvait se débarrasser du sentiment de suspicion que tout n'était pas exactement ce qu'il paraissait. Il n'y a aucun domaine dans la vie qui engendre la méfiance à l'égard de ses semblables aussi rapidement que celui du renseignement militaire. Et bien que l'officier du renseignement n'ait formé qu'un atome dans cette grande structure d'incompétence britannique en Afrique du Sud pendant deux jours, suffisamment de choses lui ont été portées pendant cette période pour lui causer des inquiétudes quant à la sincérité des motivations de ceux qui se déplaçaient autour. lui. On dit que la seule personne en qui un entraîneur de chevaux de course a confiance est sa femme, et que tant qu'il lui fait confiance, il reste un homme qui échoue. Nous ne pouvons pas dire quelle vérité il peut y avoir dans cet ancien adage du gazon ; mais nous savons que le travail administratif accompli avec succès dans le département de renseignement d'une armée en campagne conduit un homme à accorder la plus basse estime à l'intégrité de ses semblables. La première leçon est de nature inverse et oblige un homme, même s'il n'aime pas la procédure, à croire que ceux qui se déplacent autour de lui sont des fripons, jusqu'à ce qu'il ait eu l'occasion de tester leur honnêteté. Jeune dans sa connaissance du peuple contre lequel il combattait depuis dix-huit mois, l'officier des renseignements était extrêmement perplexe devant l'étrange anomalie présentée par la jeune Africander qu'il venait de quitter. Il ne pouvait s'empêcher de penser que cette fille d'une nation qu'il avait lui-même amené, sinon à mépriser, du moins à déprécier, l'avait sondé dans deux courts entretiens, alors qu'il n'avait guère pénétré au-delà de la surface de ses attraits féminins et de son esprit vif. . Il était perplexe quant au résultat de son entretien, peut-être même un peu alarmé par la manière dont il avait été traité, choqué par l'estimation erronée qu'il s'était faite des femmes hollandaises après dix-huit mois passés parmi eux. Mais cette rebuffade avait atteint son objectif : elle avait semé en lui les graines de cette appréciation de notre ennemi qui devra exister généralement si nous voulons finalement vivre en paix et en concorde, unis en tant que sujets frères, avec le peuple d'Afrique du Sud. .

Il faisait déjà nuit et l'officier de renseignement eut quelques difficultés à retrouver la maison dans laquelle le général avait installé son quartier général. La rue principale était encore pleine de fêtards, débordant de *bonhomie* coloniale , mais étrangement manquant d'informations topographiques. En fait, il semblait douteux que la maison du général soit un jour retrouvée, et l'officier des renseignements fatigué perdait rapidement son sang-froid, lorsque le hasard vint à nouveau à son aide. Un cavalier arriva au galop dans la rue. Un petit homme en tenue civile, avec un chapeau mou et une guêtre. Il semblait désespérément pressé, alors qu'il fouettait sans pitié son animal fatigué et éclaboussé de boue avec son *sjambok* . C'était un cheval battu ; et juste au moment où il arrivait au niveau de l'officier de renseignement, il trébucha, se remit à moitié, puis tomba lourdement en un lamentable tas. L'officier du renseignement remit le petit civil sur ses pieds, avec un léger avertissement concernant la conduite sur des chevaux battus. Le civil se secoua et se tourna vers son cheval prosterné avec un juron. Mais la pauvre bête n'avait pas l'intention de se relever. Il s'était couché pour mourir.

" On n'y peut rien ; les nouvelles que j'apporte vaudront de toute façon un cheval ou deux. Je dois le laisser, la selle et tout, jusqu'à ce que j'aie vu le général. "

"Savez-vous où le trouver ?" hasarda l'officier du renseignement. "Je cherche sa maison maintenant."

Civil. "Eh bien, je devrais le faire ; je n'ai pas tenu de magasin dans cette ville depuis cinq ans sans savoir m'y retrouver. Mais qui pouvez-vous être ?"

Officier du renseignement. "Je suis l'officier d'état-major d'une des colonnes qui sont arrivées aujourd'hui. J'ai essayé de trouver le quartier général ces dix dernières minutes."

Civ. " Venez avec moi. Je dois y arriver immédiatement. Je viens d'arriver de Houwater. J'ai été envoyé par le commandant pour suivre Brand, et je l'ai localisé ainsi que Hertzog. Je vous dis que je suis arrivé rapidement. "Je n'ai jamais été plus rapide de ma vie. Devilish a failli être interrompu. Ma parole, j'ai mené une vie enchantée aujourd'hui. Eh bien, nous y sommes. Je vais y aller directement. Le nouveau général ne me connaît pas, mais il ne tardera pas à le faire." Le commandant me connaît : il sait que lorsque je viens avec des nouvelles, il y a quelque chose qui vaut la peine d'être entendu.

Le petit civil sauta sur les marches et plongea dans le hall éclairé de la villa du quartier général, avant qu'un infirmier ou une sentinelle ne puisse l'arrêter. Un grand Yeoman s'est approché de l'officier du renseignement et, le saluant avec plus de dignité que d'empressement, lui a dit : « Je vous demande pardon, monsieur ; mais je suis l'infirmier du général, et il m'a dit de vous dire qu'il ne serait ici que quelques minutes. et que si cela ne vous dérangeait pas d'attendre, il vous rejoindrait immédiatement.

Attendre un général est une entreprise sérieuse et l'officier des renseignements était fatigué. De plus, il ne savait pas où se trouvait le camp, ni quand il prendrait la relève du chef d'état-major de la colonne. Mais en service actif, toutes ces choses se règlent à leur rythme, alors il s'est simplement assis sur les marches blanchies à la chaux de la véranda et a allumé une cigarette. Le grand infirmier Yeoman fit de même de l'autre côté de l'entrée. L'officier du renseignement fuma en silence pendant un certain temps, se livrant à l'occupation la plus appréciée par les hommes fatigués en service - en pensant à des temps meilleurs - jusqu'à ce que le cauchemar de la colonne, les ordres pour le lendemain, les ravitaillements et le camp, fassent irruption dans son esprit. rêverie.

Officier du renseignement. "Savez-vous où est le camp ?"

Ordonné. "Oui, monsieur ; c'est à environ un demi-mille d'ici."

IO "Vous pouvez trouver votre chemin dans le noir ?"

Ord. "Oui, monsieur ; c'est tout droit dans la rue principale, puis la première à gauche. Il serait impossible de la manquer."

IO "A quoi appartenez-vous ?"

Ord. "Je ne sais pas vraiment à quoi j'appartiens maintenant. Au départ, je faisais partie de la 218e Compagnie Imperial Yeomanry, mais ils sont rentrés chez eux."

IO "Alors qu'est-ce que tu fais ici maintenant ?"

Ord. " Eh bien, voyez-vous, monsieur, je suis arrivé chez le général comme infirmier il y a environ quatre mois, et j'ai tellement aimé être avec lui que je n'ai pas rejoint la compagnie. En fait, nous étions dans le district de Calvinia ; Je ne vois pas trop comment j'aurais pu revenir vers eux, même si le général m'avait laissé partir. Je n'ai pas revu la compagnie depuis que j'ai été blessé à Wittebergen il y a sept mois. J'ai rejoint le général depuis l'hôpital de Deelfontein ! "

IO "J'espère que votre cantonnement vous est resté ouvert en Angleterre."

Ord. " J'espère sincèrement que c'est le cas, monsieur ; mais j'ai raté une saison de chasse. Je n'ai pas l'intention d'en manquer une autre si je peux l'aider. "

IO "Mais diable, tu ne le fais pas. Que fais-tu à la maison ?"

Ord. "Je chasse quatre jours par semaine en hiver et en..."

IO "Je veux dire, quel est ton travail ?"

Ord. "Je n'ai pas beaucoup de travail, monsieur ; je suis associé junior dans une société d'ingénierie, et comme nous faisons de très grandes choses dans les contrats, il ne me reste plus grand-chose à faire à part m'amuser !"

IO "Alors qu'est-ce qui t'a poussé à sortir dans les rangs ?"

Ord. " Cela me convient, monsieur. Je n'aime pas les responsabilités : d'ailleurs, si tous ceux qui pouvaient se le permettre avaient pris une commission dans notre compagnie, nous aurions été tous officiers, sans personne pour commander ! "

IO "Je l'appelle le plus sportif d'entre vous."

Ord. "Non, pas vraiment sportif. Ce n'est pas une idée de sport qui m'a amené ici. C'était un sens du devoir. Étiez-vous ici, monsieur, pendant la Semaine Noire, la période Colenso-Magersfontein ? Vous l'étiez. Alors vous avez Je ne me rendais pas compte, et vous ne pourrez jamais vous rendre compte, de ce que nous avons vécu en Angleterre pendant cette période. Je suis descendu à mes écuries un matin, et mon palefrenier est venu vers moi et m'a demandé s'il pouvait partir immédiatement. En réponse à mon regard de surprise, il dit : "C'est comme ça, monsieur : je pense que le moment est venu où nous aurons besoin de tous les hommes capables de monter à cheval et de tirer pour défendre le pays. Je peux faire les deux, et le pays ne sera pas vaincu parce que Je peux monter à cheval et tirer, mais je ne le ferai pas. Je veux rejoindre la Yeomanry ! » Je l'ai laissé partir et j'ai réfléchi toute la journée à son évaluation de la situation. Si l'honneur du pays reposait entre les mains de mon palefrenier, combien plus doit-il être entre les miennes, l'employeur du travail ? J'ai pris ma décision avant le dîner, j'ai dit à mon ma femme avant d'aller me coucher, et me voici, monsieur.

Il ne s'agissait pas non plus d'un cas extraordinaire. Il a dû y avoir en Afrique du Sud, pendant la seconde phase de la guerre, plusieurs centaines d'hommes, on pourrait presque dire des milliers, animés par le même esprit, poussés par le même sentiment, que ce riche entrepreneur et son palefrenier. Des hommes qui estimaient que la nation avait désespérément besoin de leurs services ; des hommes qui ont volontairement accepté les risques et les périls de la vie d'un soldat, non par espoir d'avancement, non par amour de l'aventure ou de l'avancement mercenaire, mais par véritable patriotisme - un sacrifice pour répondre à l'appel de la nation au moment où elle en avait besoin. Mais ce jour est vite passé. Le vent s'est inversé et le choc des armes a cessé sur nos propres frontières et à l'intérieur de nos propres dépendances, et le vacarme de la guerre a retenti faiblement du cœur du pays ennemi. Puis le véritable patriotisme a échoué ; les hommes partis avec les acclamations de leur pays revinrent à l'expiration de leurs obligations. Aucun patriote de la même classe ne fut trouvé pour prendre leur place. Pourtant, les exigences de la lutte exigeaient encore plus d'hommes qu'il n'y en avait sur le terrain lorsque Lord Roberts déployait ses efforts extrêmes pour réparer les malheurs antérieurs. C'est alors que nous avons commis une autre de ces nombreuses erreurs de jugement qui ont marqué la conduite de la campagne. Nous croyions qu'en décembre 1900 l'édifice de la résistance boer s'effondrait jusqu'à ses fondations, qu'il était comme une puissante cheminée, déjà minée à sa base, et qui avait besoin de combustible aux faux supports pour mettre toute la structure en ruines. au sol. Nous avons demandé du carburant. Le cri fut lancé pour des hommes, des hommes, des hommes. Tous les hommes ; qu'il y en ait seulement une quantité suffisante. La guerre était finie. Les plus hauts responsables n'avaient-ils pas dit que c'était fini. Le sergent recruteur s'est rendu sur les routes et dans les haies pour récupérer le carburant nécessaire à l'opération finale de Lord Kitchener. Ce n'était pas la qualité qui importait, c'était seulement la quantité. La guerre était finie. Les portes de Gold Reef City seraient à nouveau ouvertes. Alors la masse d'hommes dégradés qui avaient fui Johannesburg au premier grondement de tonnerre dans le nuage de guerre, affluèrent de leurs cachettes sur la côte de la colonie du Cap et tombèrent sur le cou du sergent recruteur. Méchants blancs qu'ils étaient, ils sortaient de leur terrier aux premières lueurs du soleil. Grec, arménien, russe, scandinave, levantin, polonais et juif. Prisonniers, pickpockets, voleurs, ivrognes et fainéants, ils se présentèrent au sergent recruteur, et finirent par souiller l'uniforme qu'ils n'étaient pas aptes à saluer de loin. La guerre était finie ; il n'y aurait plus de combats, seulement une marche rapide vers Johannesburg et un démantèlement à la portée du gain crasseux qu'ils convoitaient. C'est ainsi que de nouveaux corps furent levés, avec des titres émouvants, tandis que les régiments anciens, honorés et existants furent souillés au point d'être méconnaissables par l'association avec les déchets et les balayures de la communauté la moins virile de l'univers. Un tel carburant ne pouvait même pas nettoyer les supports factices à la base de la résistance Boer. Il a refusé de brûler. Il n'aurait jamais pu brûler, quelles que soient les circonstances. Ces hommes n'avaient aucune intention de se battre. Leur apparition sur le terrain redonna une nouvelle vie à l'ennemi. Une nouvelle confiance et des cadeaux gratuits de fusils, de munitions, de vêtements et de chevaux. On ne trouvait pas d'hommes pour les commander, car avoir confiance en leurs pouvoirs signifiait une honte professionnelle. Ces hommes n'étaient pas venus pour se battre. Ils ne s'étaient enrôlés que pour atteindre Johannesburg et refusèrent de se battre. Se rendre à eux n'apportait ni scrupule ni honte. Ils n'avaient aucune faculté sensible à la honte. Alors l'ennemi endurcit son cœur. Et qui peut le blâmer? On lui avait toujours dit que l'approvisionnement en matériel de combat britannique était limité. Il a trouvé ces créatures sur le terrain contre lui. Il s'approcha d'eux et les désarma sans effort. Puis il a dit, nous avons épuisé leur réserve de vrais combattants. Ils sont désormais obligés de placer cet article fallacieux sur le terrain. Nous allons persévérer encore un peu. Si nous persévérons jusqu'à ce que la maladie détruise davantage leurs bons hommes, nous devons gagner à long terme. L'erreur de jugement qui a permis l'enrôlement de ces hommes a peut-être fait plus que toute autre chose pour prolonger la guerre. Si des doutes subsistent, que les curieux appellent le gouvernement à restituer les armes et munitions remises à l'ennemi et capturées entre novembre 1900 et novembre 1901, et qu'ensuite, si la réponse est juste donnée, ils jugent de la nécessité d'arsenaux pour cette opération. notre ennemi.

Le brigadier avait terminé son entretien avec son supérieur, et le tintement des verres avait montré que le général ne l'avait pas renvoyé sans étrier. Il sortit sur la véranda et appela son infirmier.

Brigadier. "Bonjour, Monsieur le Renseignement; je pensais que vous étiez perdu. Venez ici sur la route. Je veux vous parler, mais nous devons faire attention à ne pas être entendus; cet endroit fourmille simplement de rebelles. (Ils avancèrent dans Broadway.) ", *l'infirmier le suit à distance respectueuse.)* Maintenant, regarde, nous allons avoir une grande bagarre demain. Tu as vu ce drôle de petit mendiant au chapeau. Eh bien, il ne jouait pas aux voleurs, mais tu ne le ferais jamais. Je le savais. Il apportait vraiment la bonne nouvelle à Gand – tuant des chevaux tout le long du chemin. C'est un Burnham local, et il passe bien, selon le commandant. Eh bien, il a localisé Brand, Pretorius et notre vieil ami Hedgehog [23] à Houwater, et nous sortons pour livrer bataille. De plus, ils croient que De Wet est revenu vers Strydenburg et essaie de se lier avec ces nobles Houwater, car ces derniers ont rassemblé des chevaux pour lui. Maintenant, notre voleur de bushranging rapporte que Brand a un avant-poste de trente hommes dans une ferme sur la rivière Ongers, à douze milles d'ici, couvrant la route Houwater-Britstown. Nous devons organiser une fête surprise ce soir et les rassembler. Si nous réussissons, nous aurons de très bonnes chances de réaliser tout un « spectacle » demain. Il faut donc s'entendre maintenant et sortir les invitations pour le goûter. Le « voleur » doit nous rencontrer ici dans deux heures, et le vieil homme m'a prêté quinze Tigres de Rimington, qui sont des « pétillants » pour ce genre de *shikar* .

Il s'agirait en effet d'un artiste capable d'analyser et de décrire adéquatement les sentiments d'un homme défilant pour sa première attaque nocturne. L'ampleur ou l'insignifiance de l'entreprise est sans importance. Les sentiments des jeunes soldats de la Nouvelle Brigade de Cavalerie alors qu'ils défilaient avec les aventuriers endurcis, les Tigres de Rimington, étaient identiques à ceux de l'armée avançant à travers le désert jusqu'à l'assaut de Tel-el-Kebir ; de la Highland Brigade de Wauchope qui se dirigeait vers le désastre dans la neige fondante et les buissons devant Magersfontein ; et la poignée de sapeurs à cheval de Hunter Weston, qui ont si hardiment pénétré au cœur de la ligne ennemie pour détruire la voie ferrée au nord de Bloemfontein. Une attaque de nuit doit toujours être une opération délicate. Entourés du mystère des ténèbres, les hommes savent que leur sécurité et le succès de l'entreprise dépendent de la sagacité et du sang-froid d'un ou, tout au plus, de deux hommes. Ils doivent être momentanément prêts à faire face à l'inattendu. Le moindre échec ou fausse couche – la moindre chance – peut conduire à un désastre irrémédiable. Les hommes qui peuvent affronter la mort sans broncher à la lumière du jour tremblent souvent à l'idée d'y penser dans l'obscurité. La tension mentale est telle qu'une fois que des hommes ont été débordés lors d'une attaque nocturne, comme le bélier battu de l'arène, il faut attendre des semaines, voire des mois, avant de pouvoir leur faire confiance pour affronter une situation similaire. Aucun homme ayant déjà participé à des opérations de nuit n'oubliera ses premières sensations. Les inquiétudes récurrentes ont engendré une intense excitation. Les hallucinations brumeuses, résultat d'une tension anormale. L'horrible calme de la nuit. Les bruits sourds des hommes en mouvement, exagérés par le silence douloureux des environs. Vous aspirez – avec un désir qui ne peut être que ressenti, non décrit – que quelque chose puisse arriver pour briser la monotonie accablante de ce prélude au succès ou au désastre. Un exutoire à vos sentiments refoulés. Si seulement quelqu'un pouvait crier, ou si l'ennemi vous surprenait, ou... Dieu merci ! le soulagement est venu, il s'est mis à pleuvoir !

Alors que la petite colonne d'aventuriers de la Nouvelle Brigade de Cavalerie avançait péniblement dans un silence fantomatique, de grosses gouttes de pluie glacée commencèrent à tomber, annonciatrices d'une tempête à venir. Un frémissement de satisfaction parcourut les rangs, depuis le « Voleur » menant le désespéré espoir, avec l'officier du renseignement et le chef des Tigres à ses côtés, jusqu'au petit Meadows et sa troupe du 20e Dragons en arrière-plan. Puis, précédée de dix minutes d'obscurité d'encre, la tempête éclata. Il ne pleut pas en Afrique du Sud : l'eau est évacuée par le haut en nappes solides. Un mur de pluie battante s'abat, effaçant le paysage le jour et intensifiant l'obscurité la nuit. La colonne s'arrêta ; les chevaux, incapables d'affronter l'averse, malgré la bride, le mors et l'éperon, tournent la queue pour l'affronter. Et avant qu'un col puisse être retourné ou un manteau ajusté, tous les hommes de la colonne sont trempés jusqu'aux os. Le déluge dure peut-être dix minutes, puis s'efface aussi vite qu'il est venu. Et alors qu'un par un les traits brumeux du Veld réapparaissent, vous pouvez entendre la pluie torrentielle s'éloigner de vous, transformant toujours la surface du Veld en une pulpe collante. Les officiers reforment la colonne et le voyage continue. Mais même si le répit a été court, il a été précieux ; les désagréments locaux agissent comme un sédatif pour les nerfs. En plus, il y a moins de silence. La piste qui était desséchée et spongieuse est désormais devenue molle et glissante. Les chevaux pataugent et glissent. Des imperméables mouillés bruissent contre les flancs des animaux et les sabots se soulèvent avec un bruit de rinçage et de succion. Mais il y a une œuvre humaine en cours. Les brouillards de pluie étant suffisamment clairs, le « Voleur » peut prendre ses repères. La tête de la colonne a maintenant atteint le pied d'une longue crête basse. La fin ne peut pas être vue ; mais le « Voleur » explique que la ferme où devraient se trouver les Boers se trouve dans une petite coupe au pied de l'extrémité la plus éloignée de cette crête. La colonne a déjà atteint l'endroit où il conviendra de laisser les chevaux. S'ils sont emmenés plus loin, le piquet des Boers, qui est probablement stationné sur la crête, pourrait être perturbé. Or, même si un cheval hennissait, il serait pris pour l'une des nombreuses juments poulinières de la ferme. La marche a été admirablement chronométrée ; il lui faut encore deux heures avant le lever du jour. Il faudra la moitié de ce temps pour travailler le long de la crête, maîtriser le piquet s'il y en a un et encercler la ferme.

"Descendez. Les numéros trois reprennent les chevaux." La parole se transmet d'homme à homme à voix basse. Il y a un petit bruit. Exagéré par la situation, cela sonne babel. Un ennemi à moins d'un kilomètre et demi ne l'aurait-il pas entendu ? La crosse d'un fusil heurte une pierre. Un cheval, soit tiré par le mors, soit terrifié par quelque horreur nocturne, recule et plonge, et dérange toute la section. Une malédiction étouffée, comme dans la *mêlée* le pied d'un homme est piétiné. Un tel bruit réveillerait sûrement les morts ! Non; les hommes tombent au pied de la colline. On leur dit de s'allonger et d'attendre. L'horreur de cette attente ! Il y a un bruit sur le flanc de la colline. Un rocher a été déplacé. Les hommes tiennent leurs fusils, le déclic d'un pistolet qui s'arme est clairement audible. Puis un formulaire apparaît. Le « Voleur » signale le silence. Le chiffre approche. Il s'agit uniquement de l'éclaireur Cafre, qui avait été envoyé à l'avance pour localiser, si possible, le piquet. Il s'approche et penche la tête sur sa main. Il a retrouvé le piquet, et c'est sa manière de démontrer que les deux Boers qui le composent dorment.

Harvey de Rimington prend le commandement. Il donne ses ordres, d'abord à ses propres hommes, puis à l'ensemble. Elles sont simples : « Réparez les baïonnettes. J'emmènerai le Cafre avec moi. Quand je lèverai mes deux mains, la partie gauche des quatre me suivra. Vous savez quoi faire ; attention, aucun coup de feu ne doit être tiré. La force avancera sur la colline jusqu'à deux pas et s'arrêtera dès qu'elle atteindra le sommet. Si nous sommes découverts par plus que le piquet, les Rimington se rallieront à moi, le 20 à son propre officier. Rappelez-vous, votre ligne de retraite. ça doit être pour les chevaux."

Puis l'avancée commença. Petit à petit, les hommes se sont mis au travail. Il semblait impossible de faire l'ascension en silence. Les hommes doivent trébucher dans l'obscurité sur un terrain accidenté – les hommes qui trébuchent avec des fusils à la main produisent ce qui semble être un fracas effrayant. Par hypothèse, il semblerait impossible de surprendre même un piquet endormi. Mais il suffit d'être au piquet une seule fois pour se rendre compte à quel point la nuit est pleine de bruits trompeurs. En réalité, l'avancée s'est faite dans un silence louable. Juste au moment où le sommet était atteint, le Cafre arracha le bras d'Harvey. Ses yeux de veldt pouvaient voir ce qui était encore caché à l'homme blanc. « Près, près ! » murmura-t-il à l'oreille du capitaine. Harvey leva ses deux mains au-dessus de sa tête. Silencieusement, mais avec l'agilité des chats, les quatre coloniaux maigres le suivirent. Six pas plus loin, et sous l'abri d'un rocher apparaissent les formes de deux hommes endormis et roulés dans leurs couvertures. Il n'est pas nécessaire de décrire ce qui a suivi. Un bond en avant de quatre silhouettes souples aux bras raccourcis, un éclair d'acier sinueux, un bruit sourd et un gargouillis nauséabonds, un gémissement étouffant, et tout était fini, et deux soldats-agriculteurs avaient payé la peine extrême pour avoir trahi la confiance de leurs camarades. y avait placé !

Cinq minutes pour respirer. Ensuite, la petite ligne a été reformée en diagonale le long du dessus de la crête. La moitié de la partie était gagnée. Il restait désormais à achever le *coup d'État* . Si l'inattendu ne se produisait pas, il n'y avait aucune raison pour que la ferme ne soit pas entourée par l'aube. Mais en temps de guerre, c'est l'inattendu qui arrive. Lentement, les trente hommes avancèrent le long du plateau vers la pointe de la crête. Les deux tiers avaient été parcourus, quand soudain deux silhouettes apparurent sur le ciel oriental.

"Des secours pour le piquet,—d———n!" » marmonna le capitaine de Rimington, et alors que la vérité lui apparut, le défi en néerlandais vint :

" *Et toi, chérie ?* "

"Suivez-moi, chez Rimington !" et les hommes les plus proches rejoignirent leur capitaine dans une course précipitée pour atteindre les hommes. Mais c'était trop tard. Les Mauser sont arrivés. Deux coups de feu sauvages, et le secours avait tourné et dévalait la colline en direction de la ferme. S'il avait fait jour, tout aurait pu être sauvé par le rythme. Mais dans les opérations de nuit, on ne peut pas prendre de tels risques, surtout lorsqu'un seul homme de l'armée connaît la position exacte de l'objectif. Harvey a rallié ses hommes sur la crête, et avant même qu'il puisse les placer en position, les Mauser surgissaient d'en bas, révélant les kraals et les dépendances de la ferme.

"Nous devons nous arrêter ici jusqu'à l'aube. Ils seront partis avant cela. Eh bien, il n'y aura pas de surprise de Hertzog à Houwater aujourd'hui, à cause d'un tour de malchance !" et le capitaine de Rimington commença à remplir sa pipe, car sa longue abstinence de fumée de tabac en raison de la marche nocturne avait été son grief particulier depuis que la colonne avait quitté Britstown.

NOTES DE BAS DE PAGE :

[23] Hertzog.

VI.
UN MAUVAIS PARFUM.

"Il n'y aura pas de surprise de la part de Hertzog à Houwater aujourd'hui."

Le capitaine de Rimington avait résumé avec une grande précision les résultats de l'attaque de nuit et, tandis que son groupe, obéissant aux ordres, parcourait les rives de la rivière Ongers pour couvrir la droite de l'avancée combinée sur Houwater, il y avait une abondance d'informations. des preuves démontrant que Hertzog and Company n'avait guère l'intention de se laisser entraîner dans la lourde stratégie mise en œuvre contre eux. La météo n'était pas non plus favorable. L'orage qui avait précédé l'attaque nocturne était un de ces nuages d'orage à faible inclinaison qui, pris dans une vallée en forme de cratère entourée de kopjes, tournaient en cercle jusqu'à s'épuiser. Il a fallu quelques heures de soleil matinal avant de finalement le dissoudre. En conséquence, lorsque l'avant-garde de la force formée par la New Cavalry Brigade franchit le sommet du grand glacis en pente, s'inclinant pour tout le monde comme un sous-fond des Sussex Downs, dans le marécage stagnant qui est l'élément le plus saillant de Houwater, le Les derniers Boers disparaissaient dans le labyrinthe de Minie Kloof, au-delà. Mais il y avait juste assez d'excitation pour enlever aux hommes le froid et la raideur, engendrés par une marche misérable. Le pompon s'est détaché au-dessus de la dérive et a lancé, à une distance impossible, une ceinture de ses minuscules bombes. Une douzaine de Rimington de rechange, qui avaient poussé plus loin que les autres, allègent leurs bandoulières de quelques cartouches, puis, sans être inquiétées, la miniature armée britannique entra en possession de son point d'*appui*.

Vous qui n'avez vu le soldat britannique que dans son pire état, c'est-à-dire lorsqu'il est boutonné dans une tunique à peine éloignée d'un gilet de force, ou lorsque la liberté de l'homme a été subordonnée au cirage à lécher et à cracher. du mannequin, vous qui vous glorifiez des boîtiers en fer blanc pour vos Horse Guards et qui hueriez le garde assez audacieux pour affecter un silencieux en laine, vous auriez ouvert les yeux avec étonnement si vous aviez pu vous asseoir sur les pentes de la dérive Houwater. avec l'état-major de la nouvelle brigade de cavalerie et surveilla l'arrivée des colonnes coopérantes vers leur terrain de camping commun. Vinrent d'abord deux escadrons de Lanciers Écarlates, formant le noyau d'une colonne mobile. Personne ne les aurait accusés d'être des Lanciers s'ils les avaient rencontrés soudainement sur le Veld. Ils n'avaient pas de casques. Combien de temps, d'argent et de réflexion ont été consacrés au casque de service de nos hommes ! Nous l'avons vu adapté à ce climat ; modifié pour convenir à cela; une pointe par-ci, un pansement par-là. Mais Thomas est le meilleur juge du casque dans lequel il préfère faire campagne, et soyez assuré qu'il choisira le plus confortable, voire le plus adapté. Les Lanciers Écarlates étaient séparés de leurs casques depuis plusieurs mois. En fait, la manière dont le cavalier gay se débarrasse de son couvre-chef légitime et s'en procure un substitut sent plutôt le surnaturel : par exemple, notre propre 20e Dragoon Guards n'était pas dans le pays depuis plus de dix jours, et pourtant il il y avait à peine un casque parmi eux. Des substituts avaient été trouvés quelque part. Plus le remplaçant est usé et peu recommandable, plus son propriétaire est heureux, malgré le fait que toutes ses gloires passées étaient centrées autour d'un casque brillant ou d'une casquette de lancier désinvolte, irrésistible en plumes et en poli. Mais c'était un grand spectacle de voir défiler les escadrons les plus aptes des Lanciers Écarlates. Il existe une demi-douzaine de régiments de cavalerie contre lesquels personne ne pourrait jeter la pierre : les 9e et 16e lanciers en font partie. Mais il serait embarrassant de trop détailler.

"Qui diable sont ces gars-là ? Ce sont des Boers apprivoisés ?" » gazouillait un subalterne du 20, qui pour la journée galopait vers le brigadier.

Un voyou barbu, dont le seul costume était une chemise de flanelle et un pantalon à carreaux miteux, mais dont l'œil était aussi perçant que celui d'un faucon, et dont le brillant "fuseau à mèche" avait dix-sept encoches [24] le long de sa tête, capta la question du subalterne .

"Ouais," fut la réponse, "nous sommes des Boers apprivoisés, les plus dociles. Mon ami ici est le président Kroojer, ici est Botter, et salut, je suis De—e—Wet !"

Joyeux amis; après quinze mois de guerre, il n'y avait pas grand-chose que vous auriez pu leur apprendre sur l'auto-préservation. Minces, musclés et barbus, ils représentaient le combattant anglais à son meilleur. Et des gens inexpérimentés auraient pu demander s'ils étaient des Boers. Lance et Pennon étaient partis. Il ne restait plus qu'une tunique ou un bouton régimentaire aux deux escadrons. Leur couvre-chef collectif aurait déshonoré un lieu Cafre, et leurs bottes étaient pour la plupart des imitations de cuir brut du pays. Mais c'étaient des hommes. Les chiffons et la saleté ne pouvaient cacher ce fait. Leur pays n'était pas la saleté des paresseux et des paresseux. Les éléments essentiels étaient clairs et propres. Il n'y avait pas un seul homme sur les 150 tentant de représenter deux escadrons de service qui n'avait pas, à un moment donné, équilibré sa vie avec sa maîtrise du fusil, et qui n'avait pas réalisé qu'en service, son fusil à feu était le meilleur et le plus fidèle ami du soldat. Les officiers n'étaient pas non plus faciles à distinguer des hommes. Un nettoyant pour ombres, peut-être ; mais eux aussi étaient à la barbe rude, durement mordus par une longue exposition et une longue responsabilité. Quelle différence avec les raffinements de la fantaisie populaire ! Finies les beautés de la parure efféminée. Finie l'insolence étudiée de l'enfance – cette arrogance de se comporter de manière traditionnelle avec l'officier britannique en temps de paix. C'étaient ces hommes qui avaient été les yeux et les oreilles de la magnifique cavalerie française, qui avaient chevauché sans broncher au secours de Kimberley, qui avait plus que résisté à des obstacles redoutables à Diamond Hill. Avez-vous entendu ce garçon donner un ordre ? C'était un homme qui parlait, et un homme résolu et compréhensif, mais jugé en fonction des années, il devrait toujours être un cadet de Sandhurst.

Les réguliers sont suivis d'un escadron de Yeomanry, l'ancienne yeomanry originale, et, sur l'honneur ! il est difficile de les distinguer des Lancers. Eux aussi sont dans le pays depuis un an. Il faut tout cela pour constituer n'importe quel régiment à cheval, quel que soit l'enseignement de votre matériel. On peut réduire les hommes, mais pas les officiers, et, en somme, les officiers sont l'essentiel de tout corps. Ceci illustre une autre de nos erreurs : nous avons renvoyé nos Volontaires au moment même où ils devenaient vraiment efficaces. Ces mêmes hommes avaient reçu l'ordre de rentrer chez eux. Sachant ce que nous savons des capacités des troupes jeunes et vertes dans la guerre à cheval, nous pouvons affirmer avec certitude que les autorités ont été mal avisées lorsqu'elles n'ont pas appliqué la clause « jusqu'à la fin de la guerre » qui faisait partie de l'engagement de ces hommes. . Il en a toujours été de même : les exigences du service ont été sacrifiées pour satisfaire l'impatience bavarde des politiciens restés au pays.

La nouvelle brigade de cavalerie avait été nouvellement dotée de moyens de transport. La moitié était un excellent transport mulet ; le reste était composé de lourds chariots de randonnée, avec de lourds attelages de bœufs. Un expédient futile. Les inconvénients de l'un l'emportaient sur les avantages de l'autre. Cela n'est qu'une question de semaines depuis qu'un tollé général a été soulevé - par des critiques ignorants, il est vrai - parce que le convoi de Paris était submergé de détails, cet officier ayant fait ce que tous les autres commandants de colonne à succès ont fait, a laissé ses chariots à bœufs continuer leur route. en avance sur son transport plus mobile, afin de ne pas retarder la progression de la colonne. Quelle chance de succès réside si l'officier se contente de serrer passivement dans ses bras des chariots à bœufs au lieu de se presser contre son ennemi mobile ? Aucun : pourtant la moitié des commandants de colonne se sont contentés de faire défiler le pays pour escorter des convois chargés de marchandises. Lorsqu'un homme a été trouvé assez entreprenant pour laisser son transport de bœufs sous escorte et pour former un bras de frappe avec la partie de sa force qui est mobile, vous vous retournez et le déchirez si le poids mort qui a restreint et restreint son action tombe dans le désastre. Ainsi, dans votre ignorance, vous réclamez le martyre professionnel des seuls hommes qui vous ont servi honnêtement et bien. Pourquoi ne frappez-vous pas le système qui, lorsqu'il équipe ces colonnes, envoie les commandants avec la meule du transport des bœufs autour du cou ? Imaginez-vous qu'un officier, doté du même élan qui a construit dans le passé les traditions de notre armée montée, choisisse de se déplacer avec des transports lourds par choix ? Avec lui, cela ne peut être qu'un choix de Hobson. Il doit prendre ce qu'il peut obtenir, sinon rien. Et après avoir obtenu ce que la chance lui donnera, il doit en tirer le meilleur parti ou échouer. S'il prend des risques et réussit, sa chance aura été anormale. Si, en prenant des risques, il échoue une fois, il sera, selon toute probabilité, sacrifié aux jappements des salopards qui font entendre le contribuable, ou à la vanité d'un senior moins compétent. Ces pulls ne donnent aucune seconde chance. S'il choisit la voie médiane et s'il est suffisamment plausible dans l'histoire qu'il raconte, il peut continuer jusqu'à la fin de la guerre ou jusqu'à la période des congés ; peut-être même, s'il est suffisamment prudent, pourra-t-il se frayer un chemin vers une liste d'honneurs. Car c'est le bien, et non le mal, que le système moderne brise.

C'est une chose pour les cavaliers d'une colonne d'entrer au camp, une autre pour le transport. Houwater présentait un endroit idéal pour le bivouac, avec son eau courante, son bâtiment solitaire, moitié ferme, moitié magasin, à la dérive, et son complément de paille d'avoine. Mais le *vlei* [25] dont le lieu tire son nom était le diable même pour le transport sur roues. Tout est juste dans l'amour et la guerre." Ce credo étant très fermement respecté par le simple soldat en campagne, les messiers de l'état-major de la brigade de cavalerie ont jugé bon, au petit matin, de voler une travée [26] de mulets qui s'étaient égarés de la protection de leurs légitimes . les propriétaires. Or, le *fourgon d'état de la brigade* , doté d'une envergure de quatre mules, était une grande entreprise et, s'il était traité avec douceur, il aurait pu assurer le confort du personnel pendant de nombreux mois. Mais non; le brigadier et le garçon de mess, qui était un dragon vif et intelligent, cherchèrent à varier l' *ennui* de la marche et à affirmer leur supériorité sur les Cafres en matière de conduite de scène, en prenant le *fourgon* et son équipe à moitié brisée au galop complet sur la pente se terminant à Houwater *vlei* . Un expédient ludique et exaltant, qui a ruiné le véhicule de printemps du brigadier pour une journée et une journée, et a privé le personnel de beaucoup de confort domestique pour cette nuit et quelques nuits consécutives.

Le soldat, l'officier ou l'homme, qui se retrouve sans bivouac au milieu d'un camp, éprouve pour l'instant sensiblement les mêmes sensations qu'un homme « fauché » dans les rues de Londres. Des deux, c'est l'officier qui vit le pire moment. Un simple soldat pourra approcher l'un ou l'autre des cuisiniers de la compagnie avec la certitude d'un accueil rude. S'il est sage, il arrivera armé d'un morceau de bois flotté égaré à ajouter à la réserve de carburant. Ainsi le succès sera assuré, car Thomas de tous les hommes est le plus altruiste. En premier lieu, s'il est officier d'état-major, il a probablement trop de choses à faire en peu de temps pour penser à son confort. Alors, si les voies ordinaires ont échoué, il a probablement trop de méfiance pour se proposer à l'hospitalité de ses camarades. C'est ainsi que se maintient la comparaison de l'homme « fauché » au milieu de la richesse de Londres. Les brigadiers, bien sûr, ne meurent pas de faim ; ils ne le feraient pas, même s'ils ne possédaient pas *de bandobuste* [27] qui leur était propre. Un désordre d'escadron a réclamé le chef de la brigade de cavalerie pour la soirée et l'a probablement bien nourri. Mais les plus jeunes de son équipe étaient sans domicile, et il faisait déjà nuit depuis longtemps avant que l'officier des renseignements puisse penser à manger. Ses premières fonctions étaient les commandes du lendemain. L'officier commandant en chef était assez faible pour être accompagné d'un téléphérique. Lord Wolseley peut ergoter sur les correspondants et les qualifier de malédiction des armées modernes ; mais on est forcé de penser que si l'on consultait un officier d'état-major fatigué, il garderait la crème des épithètes condamnatoires pour le téléphérique, qui rend sa nuit horrible avec des télégrammes inutiles. Le cauchemar de ce message de minuit, avec ses probables quatre pages de chiffres écrits de manière serrée ! Ces beaux popinjays en kerseys amidonnés et volants roses, qui vivent dans le luxe des gares ferroviaires, pensent que cela ajoute à leur dignité s'ils convertissent leurs messages les plus insignifiants en chiffres. Ils ne considèrent pas le pauvre être fatigué à qui ils privent un repos durement gagné pour découvrir ce chiffre. Cela leur plaît. Ils n'ont rien à faire le soir. Le codage d'un message qui leur est adressé s'apparente à une partie de backgammon après le dîner. Mais pour la tête douloureuse qui doit le décoder aux petites heures du matin à la lumière intermittente d'un bain graisseux, ce n'est ni un jeu, ni un passe-temps. Le téléphérique peut avoir son utilité ; mais une vingtaine d'officiers d'état-major épuisés ont dû bénir le feu d'herbe qui a détruit le fil de terre derrière eux, et leur avoir ainsi donné quelques heures de repos ininterrompu.

Après les ordres et les détails des tâches de la brigade, vinrent les renseignements. Le seul bâtiment de Houwater Drift est une maison de transition délabrée, un monument familier du Veld. Ce *winkel* était dirigé par un Allemand métis ; la ferme était insuffisamment protégée des éléments, une demi-douzaine de hollandais graisseux *de* différents âges et un seul garçon noir décrépit. Il s'agissait là en effet d'un fonds d'informations, tels sont les canaux par lesquels les services secrets britanniques travaillent habituellement. Les renseignements divisionnaires les prirent d'abord en main. Puis la colonne « A », puis la colonne « B », et enfin la nôtre les a rangés devant la table des témoins. Il aurait fallu un véritable KC pour trier la vérité de l'ensemble du mensonge auquel nous étions parvenus au moment où ce fut notre tour. L'officier de renseignement avait pris possession des showrooms du *Winkel* pour lui servir de bureau. Ce Shoolbred du veld n'était qu'un sordide abri, murs et comptoir de boue ; sol, bouse de vache séchée au soleil et sable. Sur les étagères se trouvait un étrange mélange de marchandises. Tous les produits comestibles avaient été retirés par les Boers ; il ne restait plus que ce que nous pensons être les termes commerciaux des biens durs et des biens souples. Un tas de peaux de mouton puantes, quelques rouleaux de tissu long douteux, deux paquets de bougies, des cisailles à moutons, des pièges à gin et un tonneau de goudron. Alors que l'officier du renseignement s'occupait avec lassitude de son contre-interrogatoire, il fut interrompu par l'entrée de l'officier d'approvisionnement. Ce jeune homme, comme nous l'avons montré précédemment, possédait des ressources immédiates, à tel point qu'il annexa les deux derniers paquets de bougies restants avant de se décharger de l'esprit.

Officier d'approvisionnement (déposant les bougies dans le profond renfoncement des poches de son "manteau-chaud-britannique"). [28] "Sais-tu, mon vieux, que nous n'aurons pas de nourriture ce soir ?"

Officier du renseignement (avec lassitude). "Et pourquoi?"

ALORS "La raison est toute simple. Ces serviteurs du mess ont conduit la charrette dans le *vlei* , et dans le *vlei* elle restera toute la nuit."

IO "Je n'y peux rien. J'ai toujours dit que l'homme du général était un imbécile. Il n'est pas seulement un imbécile, mais un imbécile !"

Alors "Maintenant, regardez ici. Vous pensez peut-être que vous êtes un homme utile et que vous faites beaucoup de bien. Mais laissez-moi vous dire que vous parcourez le même chemin que des hommes meilleurs que vous ont déjà parcouru (montrant le clin d'œil) . *-monger*). J'ai vu, au moins, une douzaine d'officiers du renseignement examiner cet homme. Eh bien, que diable vaut-il pour vous après cela, que ce soit en tant qu'auteur de faits ou lanceur de fiction ? Essayez d'être utile. Nous devons nous nourrir ce soir. Maintenant, nous ne pouvons pas aller au mess et chercher de la nourriture. Nous ne verrons pas non plus notre charrette. (L'officier des renseignements acquiesça.) Alors pourquoi retenez-vous *notre* seule chance " Tiens, Monsieur Squarehead (*prenant le vendeur de clins d'œil par l'oreille*), venez me fournir à manger. J'ai deux volailles et quelques pommes de terre, et vous et les *fraus* entre vous devez faire un gâchis de potage et être vite fait. à ce sujet, sinon vous ne verrez plus jamais un autre soleil se lever.

Il y a eu des protestations d'incapacité de la part des travailleurs forcés. Mais l'officier d'approvisionnement a rapidement surmonté tout cela, et en une heure, l'état-major de la nouvelle brigade de cavalerie a pu, après un repas complet, se blottir pour la nuit sur le sol très parfumé du *winkel* .

Un ordre du général faillit foncer sur le brigadier alors qu'il se rasait à la lueur d'une bougie. Il y eut une réplique brusque et l'homme remit un mot. Le brigadier lut le bout de papier qu'on lui tendait pendant qu'il nettoyait son rasoir. L'infirmier qui avait apporté le message resta raide au garde-à-vous jusqu'à ce que le brigadier termine ses excuses pour les toilettes. Après s'être lavé et enfilé sa tunique, l'officier commandant la brigade de cavalerie était en mesure de consacrer toute son attention à sa correspondance. Il se dirigea vers les quatre caisses d'emballage qui, déguisées en tables, représentaient le mess de la brigade, et appela son renseignement et son officier d'état-major par intérim. La toilette de cet officier prenait encore moins de temps que celle de son chef, car il se déroulait simplement entre deux couvertures et paraissait prêt, pour ainsi dire, à affronter l'usure de la journée.

Brigadier. "Tiens, espèce de vaurien paresseux, lis ça" (*et il passa le bout de papier à son subordonné.*)

IO "Ce sont des ordres, monsieur."

B. "Il n'était pas nécessaire de vous envoyer chercher pour découvrir cela. Mais comment cela affecte-t-il les ordres que vous avez donnés hier soir ?"

IO "Il les annule. Au lieu de nous emmener vers le nord-est, il nous emmènera plein ouest en direction de Prieska Road dès que nous atteindrons Beer Vlei."

B. "On dirait que M. Brass Hat, là-bas, va me soigner à sec. Mes ordres sont de coopérer avec lui, et non de le suivre partout comme un chien aux trousses. Je ne suis pas envoyé ici pour être à mes côtés." " Je suis ici pour attraper Bojers [29] - pas pour marcher sur les routes à l'arrière des autres. Ce n'est pas de la coopération, c'est aider et encourager un "refus". " Tactiques. Maintenant, écoutez, Monsieur le Renseignement ; examinons simplement nos informations, et si nous avons raison et que Brass Hat a tort, je lui renverrai simplement une note qui le maintiendra arrêté toute la journée en téléphonant à Pretoria pour obtenir la permission de jetez-moi aux fers. Maintenant, quelles sont ses informations ?

IO (*lit*) " Des informations sont arrivées hier soir selon lesquelles Pretorius et Brand ont pris la route de Prieska. Ceci est confirmé par les éclaireurs partis la nuit dernière. L'ennemi s'est retiré au-dessus de Minie Kloof et s'est arrêté dans une ferme de l'autre côté de la frontière. passer."

B. "Par conséquent, l'officier commandant la nouvelle brigade de cavalerie, après avoir couvert toute la force au-dessus de Minie Kloof, s'arrêtera et permettra au brave général de traverser sa brigade, puis de le suivre le long d'une route du Karoo jusqu'à Prieska. Voici donc les instructions de ce sportif. ses idées sur la coopération des colonnes sont à peu près égales à sa conception des méthodes militaires les plus adaptées pour saisir la présente édition de « Brother ». Quelles sont nos informations privées ? »

IO "Ce Brand, Hertzog et Pretorius avec quatre cents hommes sont partis hier après-midi, le premier avec l'intention de se diriger vers Prieska ; les deux derniers, avec le gros des forces, pour exécuter un ordre de De Wet de se concentrer avec lui sur Strydenburg.

B. « J'oublie comment vous avez obtenu cette information ?

IO "De la part du commerçant allemand ici présent, monsieur. C'est un brave type, et l'officier d'approvisionnement l'a engagé comme conducteur. L'homme était présent dans le magasin lorsque le messager est arrivé avec la communication de De Wet."

B. "'M, oui. Mais ne lui a-t-il pas été demandé de nous donner ce fil exprès ? Avez-vous d'autres informations confirmant cette théorie ?"

IO "Oui, monsieur, à deux endroits. Une des vieilles dames de la ferme a laissé ici une remarque sur laquelle le Tigre s'est immédiatement jeté. Sa charrette à ressort avait été envoyée par Hertzog à Strydenburg pour chercher des munitions, comme les ordres étaient alors en vigueur. pour que Brand attaque Britstown, et ils s'attendaient à épuiser les réserves disponibles ce faisant. Les munitions seraient arrivées avec De Wet. C'est une preuve circonstancielle ; mais hier soir, vers 14 heures, j'ai reçu ce qui suit du chariot à câble. Il est de notre ami l'expert De Wet, daté d'hier soir de la station Orange River (*sort du papier et lit*) : « Dépêches capturées ordonnant la concentration de tous les commandos disponibles à Strydenburg pour rencontrer De Wet dans la soirée du 26 » - c'est-à-dire pour -nuit, monsieur.

B. « Est-ce que le vieux Stick-in-the-mud aura ça aussi ?

IO "Je présume, monsieur !"

B. "Alors il s'agit clairement d'un cas de 'escroquerie' de sa part. J'irai le voir. Je serai à Strydenburg, comme je l'avais prévu, demain à midi, si je dois me mutiner ce faisant. Mes ordres d'hier soir restent en vigueur jusqu'à mon retour.

Le brigadier revint au bout de dix minutes, après quoi les côtelettes de mouton crues, frites dans de la graisse de bacon, qui constituaient l'aliment de base du petit-déjeuner quotidien de l'état-major, furent déposées sur la caisse d'emballage. Le brigadier s'assit sur sa boîte à biscuits et but une grande gorgée de thé. Il semblait alors suffisamment fortifié pour exprimer ses sentiments.

B. "Eh bien, de toutes les figures de proue galvanisées avec lesquelles j'ai été en contact au cours d'une carrière militaire longue et variée, cet homme est le plus innommable. Il est éloquent dans son estime à votre égard, Monsieur le Renseignement. Je lui ai dit que Je ne pouvais être d'accord avec lui sur aucun des points qu'il avançait, et sur le fait qu'il serait puéril à l'extrême de gaspiller 2 500 hommes en combattant un mythique 200. Il s'est alors mis en colère et m'a dit qu'il avait reçu ses ordres et qu'il m'avait donné Eh bien, si c'est ce qu'on entend par coopération, je ne serai jamais à portée de voix d'une colonne avec laquelle on me dit de coopérer à nouveau. J'ai donné de nouveaux ordres ! Au lieu d'être à portée de main de Strydenburg pour " Ce soir, nous allons nous amuser dans la Beer Vlei. Vieux bâton dans la boue ne veut pas dire "y aller", je le vois bien. Quel péché c'est!"

Et l'on peut facilement souscrire à ce commentaire sur les méfaits de l'ancienneté qui, tout en dissimulant l'impuissance du chef, éclipse, handicape et écrase l'énergie individuelle chez le junior. À quel point l'âge séparait-il ces deux hommes ? Cela fait peut-être quelques années. Même si dans la Liste d'Armée cela n'avait été qu'un seul jour, le résultat aurait été le même. La soi-disant expérience de l'ancienneté - qui, trop souvent dans cette guerre, a été synonyme d'incompétence ou de timidité de non-soldat - a réussi à subjuguer les conseils les plus sages du cadet et à écraser de son action ce feu et cette énergie de détermination qui seuls auraient pu lui apporter succès. Comme dans le cas présent, le doyen a délibérément ignoré les conseils de l'homme avec lequel il avait reçu l'ordre de coopérer et, profitant des quelques lignes qui lui donnaient la préférence dans la liste d'armée, lui a ordonné de s'écarter d'un plan qui lui donnait la préférence. au fond de son cœur, il devait savoir que c'était le seul qui pouvait promettre des résultats adéquats, on pourrait aussi dire n'importe quel résultat. Peut-être qu'une étude de tels développements fournira quelques indices pour expliquer l'une des gigantesques énigmes de cette campagne sud-africaine.

NOTES DE BAS DE PAGE :

[24] Un bilan macabre de tirs réussis.

[25] Néerlandais, marais.

[26] Équipe.

[27] Hindoustani, arrangement.

[28] Désignation officielle du pardessus de réglementation du service sur le terrain.

[29] Interprétation plaisante des « Burgers ».

———————

VII.
"POTERIE."

"Eh bien, si cet endroit est tenu, il faudrait trois jours à Lord Bobs et à la 'Grande Armée' pour le faire tourner", et le brigadier laissa tomber ses lunettes sur toute la longueur de leur cordon.

La brigade, faisant l'avant-garde de toute la concentration, avait traversé la grande prairie qui s'étend au nord de Houwater, et la nuée couvrante des *éclaireurs à cheval* disparaissait déjà dans l'ombre de la forteresse montagneuse devant nous. L'affleurement géant de roche volcanique connu sous le nom de Minie Kloof s'élève, avec cette franchise particulière au vaste plateau sud-africain, à pic sur une prairie aussi plate qu'une table de billard. Une succession de parallélogrammes rocheux au sommet plat, sans relief à l'exception du motif unique et scellé de l'architecture naturelle du veld. Au voyageur nomade et à l'homme de paix, des points de repère aussi stériles et nus que les grandes ceintures de fer de l'Afrique du Nord, qui contraignent la puissance du Nil involontaire jusqu'à ce qu'il déferle dans une cataracte furieuse à travers toute ouverture avare qu'ils lui permettront. Pour l'homme de guerre, un véritable Gibraltar ; un labyrinthe de possibilités en défense ; une entreprise prodigieuse en attaque, une entreprise qui ne tolère ni erreur ni erreur de calcul, et dont la nature a éliminé une grande partie de l'élément de hasard d'un côté pour le mettre au crédit de l'autre. C'était le cas de nos hauteurs de Colenso, Magersfontein, Stormberg et Spion Kop. Vous, chez vous, à votre aise, prenant en une seconde sur la carte une impression superficielle de la topographie, qu'il faudrait une demi-journée à une brigade de cavalerie pour vérifier, parlez avec désinvolture de tourner telle position et de déborder telle autre. Sachez que le problème latéral, qui dans le rose et le vert de l'atlas semblerait si simple, peut être sur des kilomètres une grille de positions parallèles et de soutien. Que le mouvement tournant bien réfléchi mis en mouvement dès les premières lueurs de l'aube peut être, et sera probablement devenu, une attaque frontale pure et simple au lever du soleil, à travers des circonstances qu'aucun homme, pas même Napoléon lui-même, ne pouvait prévoir ou contrôler. Ceci étant dit, pourquoi ne pas traiter avec indulgence les hommes qui vous ont bien servi et à qui l'on peut faire confiance pour profiter d'une expérience chèrement achetée ? mais l'autre classe, l'homme qui a prostitué l'excellence combattante du soldat britannique sous le choc de la guerre en faisant appel aux chances de la guerre, sans le soin et la prévoyance nécessaires – eh bien, il est de votre devoir de le détruire : vos critiques les plus amères même ne subira pas le châtiment qu'un tel individu mérite.

"Si un agent d'assurance-vie se présentait maintenant, je devrais l'embaucher !" Et le brigadier avait toutes les raisons de s'inquiéter, car les faiblesses du Minie Kloof pouvaient engloutir un millier d'hommes, tout en laissant un ennemi moqueur en possession des saillants. Troupe après troupe de dragons, ils se mirent en ordre étendu et se répandirent sur chaque flanc. Le front devenait de plus en plus large, et pourtant aucun coup de fusil. Le gros des troupes et les canons s'arrêtèrent et attendirent, s'attendant momentanément à entendre cette intonation du double écho qui, en une seconde, allait changer toute l'histoire de la journée. Mais cela n'est jamais venu. Les petites taches brunes, qui avaient disparu dans l'ombre de la montagne, commencèrent à réapparaître parmi la végétation rabougrie des crêtes. Au début, il lui fallait des lunettes solides pour distinguer les corps en mouvement des touffes d'ombre floue des buissons. Puis scintille cette petite étoile lumineuse qui compte tant pour le général sur le terrain. Gaiement, il capta les efforts du soleil levant et annonça au brigadier et à l'état-major la bonne nouvelle que le sommet de Minie Kloof était dégagé.

« Merci à la Providence pour cela ! nous serons à Strydenburg ce soir », et le brigadier galopa dans le col tandis que le corps principal de son commandement se déplaçait tranquillement après lui vers la solidité naturelle. C'est probablement dans des endroits du grand plateau sud-africain comme celui-ci que Rider Haggard a puisé son inspiration pour inventer les royaumes cachés de l'Afrique centrale, de charmants empires rocheux que nous connaissons tous. Combien y en aura-t-il qui auront parcouru les nouvelles colonies britanniques sans avoir été frappés par les nombreuses vallées montagneuses qui abondent ! Des vallées aussi fertiles et agréables que celles des légendes des contes de fées ; ou, pour être moins fantaisiste en comparaison, aussi brillant et aussi difficile à approcher qu'Afridi Tirah au début de l'automne. Nous avons trouvé une telle vallée à l'intérieur de la barrière extérieure de Minie Kloof. Vallée petite dans ses proportions, il est vrai, mais néanmoins fertile. Un petit ruisseau d'une clarté cristalline donnait vie aux collines arides. Le limon de mille ans de torrents d'été avait fourni à chaque niche et recoin un moule semblable à celui de Goshen dans sa richesse. Ici, au milieu de bosquets luxuriants d'une splendeur presque tropicale, se trouvait l'inévitable ferme, une résidence blanche qui possédait autrefois une certaine beauté architecturale, et un affleurement de granges et de demeures secondaires sans prétention dans leur conception, sordides dans leur disposition. L'état-major de la nouvelle brigade de cavalerie descendit de cheval devant la porte du fermier et demanda des rafraîchissements. Pour le moment, on possédait la vision mentale d'une laitière aux joues roses — le tableau de l'imagination civilisée — courte en jupe, délicate au cou et aux bras, symétrique et douce dans sa personne et son port. C'est de cela que rêve le soldat assoiffé. La vision est venue. Un ouvrier négligent de la cuisine obéit à la convocation. Avec les mains sales, elle nous tendit un verre de lait encore plus sale et cracha ostensiblement pour souligner l'esprit de son hospitalité. Il en faut beaucoup pour étouffer la soif honnête de la guerre, mais c'était plus que ce que la nature humaine pouvait supporter, et le bol peu engageant passa intact autour du bâton jusqu'à ce qu'il atteigne les signaleurs les moins exigeants. Cinq minutes au ruisseau de cristal valaient tous les soins des laitières hollandaises.

Il est alors devenu nécessaire de rechercher des informations. C'était un champ de recherche stérile. Les hommes hargneux de cette demeure sordide se prélassaient dehors et répondaient à toutes les demandes avec une insolence étudiée. Même le Tigre ne parvenait pas à progresser. Il a reçu des récriminations. Les Hollandais le reconnurent comme un voisin et dissimulèrent mal leur désapprobation à l'égard de sa situation actuelle. L'information était dans une impasse, même si en réalité il n'y avait pas grand-chose à apprendre. Le brigadier s'arrêta juste le temps d'abreuver les chevaux, puis il repartit en avant pour la dernière montée au-dessus de Minie Kloof.

C'était un travail lent. Le repérage d'un affleurement de montagne par la cavalerie est toujours un travail lent, surtout si cette cavalerie est sous les ordres d'un officier qui fera le travail bien fait. Mais comme toutes choses, bonnes ou mauvaises, elle prit fin, et tandis que le soleil d'automne devenait vertical, la tête de la colonne descendit dans une autre grande plaine qui s'enfonce vers le nord dans la Beer Vlei.

"Grâce à la Providence, la poussée n'a pas été bloquée à cet endroit", a déclaré le brigadier en s'arrêtant pour observer les chariots descendre la dernière pente. « Si le vieux De Wet doit être à Strydenburg ce soir, avec Britstown comme objectif, nous aurions dû l'avoir ici demain matin. Je n'ai vu qu'un pire pays dans la colonie du côté de Calvinia. terrain de jeu trompeur dans lequel j'ai toujours été entraîné. Mais c'était aussi trompeur pour "frère" que pour nous. Les deux camps se perdaient environ deux fois toutes les demi-heures. Des piquets et des avant-postes hostiles se heurtaient constamment. Je me souviens d'une nuit où nous Je venais de m'installer au camp lorsque trois Boers arrivèrent à cheval. Ils s'approchèrent des lignes d'un de mes corps de vauriens avec la plus grande insouciance et s'arrêtèrent en toute bonne foi juste contre les lignes de chevaux. « De quel commando s'agit-il ? Celui du juge Hertzog ? Un caporal du Natal était l'homme le plus proche d'eux, et c'était un homme à l'esprit vif. Il a retiré le "coupé" de son fusil et a répondu: "Je suppose que non, mais il y a notre commandant là-bas. Vous feriez mieux de le faire." allez lui demander de qui est ce commando ; mais il vous suffira de mettre vos mains au-dessus de votre tête avant de lui parler. C'est un homme particulier, notre commandant ! Les hommes se sont rendus à lui sans murmurer et ont semblé penser que c'était une bonne blague. Mais j'ose dire que trois mois sous le soleil de Bellary dans le Shiny les ont amenés à changer d'avis.

La colonne s'élança dans la grande prairie sèche du Karoo. C'était une randonnée sans confort. La terre et le ciel semblaient avoir oublié la pluie des jours précédents ; ou bien il se peut que les tempêtes qui nous avaient affligés aient été purement locales, car nous avions heurté une grande plaine sans eau qui ne montrait pas le moindre signe d'humidité. Les mules traînantes et les chariots pesants soulevaient une poussière âcre ; un grand pilier en spirale de nuage brun se développait au-dessus de la colonne ; aucun souffle d'air ne soulageait la rigueur verticale du soleil ; la grande colonne, semblable à un serpent, transpirait et haletait à travers la plaine, signalant sa présence à tout Hollandais perspicace dans un rayon de quinze milles.

Nous avons vu les beautés du Karoo ; mais on ne peut s'aveugler sur ses défauts, car ils sont les plus nombreux. Dans le meilleur des cas, c'est un grand désert stagnant, parsemé ici et là de quelques oasis rédemptrices. Sa verdure sent la nature sauvage. Brune et grise, rabougrie, la bruyère dont ces steppes ondulantes tirent leur nom est étrangère à la teinte plus clémente du vert, signe d'un sol moins sans sève. Pourtant, une fascination particulière milite contre une condamnation générale de l'impitoyable Karoo. On ne peut pas complètement bannir de son esprit les souvenirs d'une nuit d'été dans ces déserts. Ceux d'entre vous qui ont travaillé dans le désert du Soudan égyptien comprendront ce que cela signifie : ils ressentiront ce que nous ressentons envers le veld du Karoo. Il y a dans cette fascination mystérieuse, presque inquiétante, de ces nuits fraîches qui succèdent à une journée de grillades, quelque chose dont on se souvient toujours avec délice. Quelle est cette influence, vous ne pouvez jamais le dire avec précision ; mais il est impossible de l'oublier....

A midi, la nouvelle brigade de cavalerie s'arrêta près de quelques trous de boue, qui fournissaient suffisamment d'eau argileuse pour permettre aux équipes de canonniers sanglotant et aux animaux de transport de se mouiller la bouche. Il y avait peu d'eau pour les hommes, à l'exception de la somme dérisoire qu'ils étaient autorisés à puiser dans les charrettes à eau du régiment. Il n'y avait pas non plus d'ombre contre le soleil impitoyable. Les six pouces de buisson de rechange du Karoo, bien qu'ils servaient de grignotage aux animaux les moins exigeants, ne servaient ni de lit ni d'ombre ; il n'y avait aucune autre végétation en vue. Les hommes se glissaient sous les chariots et les charrettes à eau s'ils avaient la chance de se trouver à proximité d'eux, ou, déroulant leurs couvertures, les déployaient comme auvent et s'enfouissaient en dessous. L'oppression de cette chaleur encore ! À cinquante mètres de là, l'atmosphère devenait un mirage bouillonnant ; les avant-postes perdaient toute apparence de forme naturelle et se dessinaient exagérément à mi-distance comme de grands flous bruns et noirs. Mais ce n'est qu'un inconvénient passager. Dans une heure ou deux, la force de ce grand soleil ardent et impitoyable déclinera : s'il en était autrement, alors, en effet, le Karoo serait un désert. Alors vous somnolez – il fait trop chaud pour dormir – et remerciez la Fortune de ne pas avoir à marcher pendant les heures de fournaise de la journée. Et pendant que vous somnolez, desséché et en sueur, un petit lézard bleu-gris surgit de dessous le chariot à côté de vous et, grimpant avec précaution sur la tige d'un karoo-buisson solitaire, vous scrute avec de grands yeux pensifs et sans ciller. C'est une petite bête complaisante, à la peau et aux marques magnifiques ; et sans les palpitations de son gilet blanc, il aurait été difficile de dire qu'il avait survécu. Vous vous demandez si lui aussi ressent la chaleur. Vous pensez que oui ; car il ouvre sa gueule rose et balance son brin de bruyère, pour se faire cette brise dans l'air calme que vous haletez. Vous fermez les yeux et souriez en pensant qu'une petite chose comme un lézard mélangé au karoo peut vous intéresser. Un son attire votre oreille : c'est le ton de réprimande de l'outarde. Encore et encore, vous l'entendez. Une couvée de ces oiseaux doit avoir été élevée. A mesure que s'éteint le fracas de leur cri, on distingue les coups sourds d'un cheval au galop. C'est important. Aucun homme sensé ne galoperait dans cette chaleur à moins que sa mission ne soit sérieuse. Le cavalier se rapproche de plus en plus. Vous détestez bouger, même si vous entendez la respiration rapide du cheval et les plaintes du cuir irrité.

« Où est le quartier général ? exige une voix en autorité.

Votre rêve et votre repos sont terminés ; car n'êtes-vous pas le larbin du général ? Vous sautez sur vos pieds.

"D'où venez-vous?"

Ordonné (comme il remet un message écrit). — De l'officier commandant l'avant-garde. Le message est le suivant : "La patrouille sur le front gauche signale qu'une grande force de Boers, estimée à 500 hommes, se trouve derrière la colline à trois milles à droite du kopje solitaire au sommet plat sur notre front gauche. La patrouille s'est repliée sur moi."

Cette information est portée devant le brigadier, qui dort à moitié sous la charrette.

Brigadier. "À quelle distance se trouve le kopje plat de nous ?"

Officier du renseignement. "Environ quatre milles, monsieur."

B. « Pays intervenant ? »

IO "Plat comme un terrain de polo, monsieur."

B. "Oh, envoyez une troupe pour prendre contact avec eux. Je parie que ce n'est qu'un troupeau d'autruches ou un mirage. Dites à la troupe de ne pas se compromettre si elle trouve des Boers plus forts qu'eux. Tenez une autre troupe et le pompon prêt à soutenir, s'il devait y avoir quelque chose. Mais il n'est pas raisonnable qu'il y ait 500 Boers si près de nous à cette heure. Il est trop tard pour nos amis de Houwater, et trop tôt pour le vieux Christian. [30] "

IO "Très bien, monsieur."...

Presque immédiatement après l'envoi de la troupe, le corps principal du commandement coopératif marcha vers les mares d'argile. Les deux généraux se sont rencontrés pour discuter de la situation. La réunion des généraux en campagne se prête presque toujours au pittoresque. On sait que c'est un thème de prédilection pour le pinceau de l'artiste. Et même à notre époque utilitaire, où le génie de l'homme a dépouillé la guerre d'une grande partie de la panoplie à laquelle l'appel aux armes est associé en paix, il y a quelque chose d'attrayant à la vue de la communion des grands soldats sur le terrain. La gloire de la guerre ne réside pas uniquement dans les plumes de coq et les fourreaux d'acier. En fait, les couleurs brillantes qui se marient si bien avec le vert pâturage et le rouge brique de l'Europe offenseraient l'œil si elles étaient groupées sur le veld roux et sembleraient aussi incongrues qu'un flamant perché sur une meule de foin . C'est une image intéressante. Les deux généraux se tiennent ensemble, un peu à l'écart de leurs états-majors, qui se mêlent dans des relations amicales. Les files d'infirmiers démontés tenant les chevaux dont les officiers viennent de descendre. Le général en chef est un homme de grande taille, qui chevauche juste la fleur de l'âge. C'est plus que la poussière en poudre qui rend ses moustaches si belles. C'est un homme soucieux de son apparence personnelle. De la tête aux pieds, son uniforme d'un brun modeste lui va comme un gant - pour emprunter les paroles d'un beau cousin d'outre-Atlantique - l'ajustement de tout est si parfait qu'il semble qu'il ait été fondu et versé en fusion dans un boîtier kaki. La couleur sombre et sale est rehaussée par l'écarlate et l'or de sa casquette et de son col, ainsi que par la longue chaîne de rubans kaléidoscopiques sur sa poitrine qui évoque de nombreux champs de tentes - et peut-être autant de « champs de tissu d'or », par exemple. il ne faut plus que la guerre pour décorer la poitrine ou pour attacher des bretelles sur le cou-de-pied d'un chevalier. Le brigadier contraste avec son aîné. Il est aussi grand qu'un homme, plus autoritaire dans sa tenue, mais de tempérament et de démarche très différents. Ce n'est pas une négligence délibérée qui a provoqué l'inconsistance inconsidérée de sa tenue vestimentaire. Ce n'est que l'esprit qui parle à travers la personne. Il ne porte rien qui ait coûté une minute de réflexion à un tailleur pour le façonner. Sa casquette d'état-major est de travers ; ses insignes de distinction d'état-major ont manifestement été cousus par un artisan non qualifié, probablement son serviteur soldat. Sa tunique raconte sa propre histoire de deux années de campagne difficile ; tandis que le pistolet Mauser attaché à la ceinture marron noisette que Wilkinson a conçue pour porter une épée, parle avec éloquence de l'appréciation du porteur de cette dernière arme en tant qu'élément de l'équipement de service d'un officier général. Mais quand vous regardez les deux – l'un élégant et intelligent, l'autre rude et professionnel – vous pouvez sentir la personnalité du junior, tandis que le senior ne signifie pour vous rien de plus qu'un mannequin de confection. Cela n'apporte peut-être pas grand-chose au profane moyen. Mais les hommes – analphabètes, incultes et combattants – voient et apprécient tout cela, et cela signifie beaucoup pour eux. Sachez donc qu'il n'y a pas de juge plus fin du caractère humain et de l'esprit humain que le chérubin du caniveau. C'est à partir de ces bécassines de gouttière, devenues hommes, que sont constitués les rangs combattants de la grande armée britannique.

Les généraux discutaient de la situation, autant que leurs états-majors respectifs pouvaient le discerner d'après leur discours et leur attitude, assez amicalement, bien que le brigadier insistait sur un point. En réalité, il avait renouvelé sa protestation contre la décision prise le matin par son aîné et s'efforçait de l'influencer en vue d'un changement de politique et de plan. Mais l'usage strict du service décrète que l'utilité publique doit être commandée par l'homme dont le nom figure en premier sur la liste de l'armée, et que le junior doit faire valoir ses arguments dans un langage déférent plutôt qu'agressif. Mais à force d'argumentations et de quelques brèves références aux hauts gradés de l'état-major, un compromis fut trouvé pour répondre aux souhaits du brigadier.

Général. "Je vous dis que je n'aime pas ça, et je ne vois aucun inconvénient dans le mouvement. Après le traitement qu'il a eu de Plumer, Prieska peut être la seule ligne ouverte à De Wet."

Brigadier. "Mais toutes mes informations vont dans une direction opposée, monsieur. Cela distinctement..."

G. "Je ne pense pas que vos informations valent grand-chose. Que peut en savoir ce garçon ? Il s'est laissé berner par toutes les fables des vieilles femmes sur la ligne de marche."

B. "Eh bien, monsieur, sans parler de De Wet, on m'a promis un convoi à Strydenburg, et je n'ai pas encore récupéré ma brigade. Un escadron du 21e Dragoon Guards et l'ensemble du Mount Nelson Light Horse , que Plumer n'a pas assimilé, met maintenant tous ses nerfs à rude épreuve pour me rattraper.

G. « Quand rencontrez-vous votre convoi et à quelle distance se trouvent vos coordonnées ? »

(Maintenant, le brigadier avait inventé le convoi sur un coup de tête. Il est vrai qu'on lui avait promis un convoi, mais cette promesse n'avait pas indiqué

Strydenburg comme rendez-vous. Mais voyant qu'il avait marqué un point, il se tourna aussitôt vers l'officier de renseignement.)

B. « Quand notre convoi doit-il arriver à Strydenburg ? »

Officier du renseignement. "Peut-être demain soir, monsieur. Après-demain au plus tard." (Heureusement, l'officier du renseignement avait suivi la conversation et la réponse fut assez simple.)

G. "Hum, cela donne un autre aspect aux choses. Mais il est suicidaire, imprudent, de permettre à des convois de serpenter à travers le veld de cette manière inconséquente. Qu'en est-il de vos coordonnées ?"

(Le brigadier ayant trouvé une « piste », n'avait pas perdu de temps pour déterminer ses estimations.)

B. "Eh bien, monsieur, je vous suggère de me laisser m'arrêter ici pour aujourd'hui. Mes coordonnées ne sont qu'un jour derrière moi maintenant. Ils me rattraperont demain. En attendant, j'enverrai une forte patrouille... une reconnaissance plutôt : à Strydenburg, à partir de cet après-midi, récupérez le convoi, après quoi je vous rejoindrai à tout moment que vous choisirez. Je serai alors un corps de combat utile ; maintenant je ne suis qu'une escorte de canons !"

G. "Oui, oui ; il serait dangereux, ni pour vous ni pour vos proches, d'errer seuls dans ce pays troublé. *Je* suis d'accord avec vous, Colonel ; mais vous devez admettre qu'étant donné les circonstances actuelles, il serait déconseillé de nous devons être capturés en détail.

On ne peut pas s'aveugler sur le fait que tout cela est très enfantin. Mais alors, celui qui entreprend la vie dans l'armée doit être prêt à être un écolier jusqu'à la fin de son service. Il ne convient pas à un brigadier ou à tout officier portant l'uniforme de Sa Majesté — comme le dit l'expression — de commettre de petites tromperies, même pour provoquer une situation calculée pour l'utilité publique. Mais quelle autre voie s'offrait au brigadier ! Pour des raisons qui ressortent clairement de sa conversation, son aîné avait décidé de ne pas le reconnaître comme une force indépendante, mais de le serrer dans ses bras jusqu'à ce que tout danger réel ou imaginaire soit passé. Ce sont des entraves de discipline comme celle-ci qui brisent le cœur des fidèles de notre service et qui épuisent le trésor de guerre national. Pouvez-vous blâmer le brigadier, conscient des exigences pressantes de la situation, lorsque, après avoir épuisé les arguments d'homme à homme de la raison commune, il s'est mis à pratiquer un subterfuge pour faire échouer le dessein d'un homme dont le seul objectif semblait être être de satisfaire sa propre tranquillité d'esprit personnelle ? Pourtant, nous doutons que le doyen ait eu conscience de la futilité de sa direction. Il avait un objet en vue. Il était possédé par le seul désir d'éviter le désastre. Dans son sens limité, son action était assez louable ; mais que dirait le propriétaire d'un cheval de course au jockey qui, après avoir monté un cheval sain dans une course, déclarait spontanément qu'il n'avait jamais allongé sa monture par égard pour ses tendons ? Les soins du jockey sont parallèles à ceux de cinquante pour cent des hommes qui ont dirigé les colonnes dans cette guerre, sauf qu'il n'y a pas eu de juge dans la loge pour peser les mérites de chaque cas. Le juge était loin à Pretoria, et le jockey a fourni sa propre estimation de la course....

La nouvelle brigade de cavalerie resta donc dépassée par les trous de boue, tandis que l'autre colonne les traversa et fonça à la recherche de la route de Prieska. L'arrière-garde de la force en mouvement était constituée par un corps colonial, initialement levé au Natal par le brigadier de la nouvelle brigade de cavalerie. Bien entendu, le *personnel* dans les rangs avait changé depuis longtemps. Changé, soit dit avec regret, pour le pire. Mais il restait encore un petit pourcentage du sk-sk original qui était sans égal. Alors que l'arrière-garde passait, un grand caporal costaud se dirigea au petit galop vers la table des caisses d'emballage où l'état-major de la nouvelle brigade de cavalerie venait de s'installer pour déjeuner, criant : « Dites, où est le vieil homme ?

Le brigadier se leva avec un sourire.

Corporel. " J'ai entendu dire que vous étiez ici, monsieur, et je ne pouvais pas passer sans parler. Seigneur, quel spectacle pour les yeux endoloris de vous revoir ! — s'il y avait seulement plus de gens comme vous. (Puis tendant la main .) Venez, monsieur, posez votre main ici, c'est une bonne journée de travail que d'avoir encore serré la main d'un homme. Et puis le caporal s'est enfui dans un nuage de poussière. Mais cela avait été un incident intéressant et instructif. Sans aucun doute, il s'agissait d'un Yankee ; mais il avait servi tout au long de la campagne du Natal, depuis Willow Grange jusqu'à Bergendal, et son honnête appréciation de son ancien chef nous faisait presque monter les larmes aux yeux, et valait plus que tous les rubans et guirlandes qu'une tête couronnée peut offrir.

"C'est," dit le brigadier, "c'est l'un des meilleurs hommes, parmi beaucoup d'hommes remarquables, que j'ai enrôlés. Je recrutais pour mon "poussée" à Durban. J'avais l'habitude d'aller faire descendre les gars des navires au fur et à mesure. " Ils sont entrés. Ce type est venu avec un homme qui conduisait une cargaison de mulets. Je me souviens bien quand je lui ai abordé le sujet. Sa réponse était caractéristique : " Dites, colonel, pourquoi nous voulez-vous ? une démolition directe avec les Boers, ou est-ce pour se promener en garnison de ville ? « Si vous me rejoignez, vous « ferez la casse » dans une semaine à partir d'aujourd'hui. « Voulez-vous me donner la main là-dessus, colonel ? J'ai acquiescé et j'ai pu immédiatement enrôler pratiquement tout l'équipage du navire - et je ne veux jamais commander un meilleur groupe.

Vous ai-je déjà parlé des espions boers ? Eh bien, dans les premiers jours du recrutement au Natal, plusieurs agents hollandais ont été enrôlés. " Ils ont été payés par le Transvaal pour s'enrôler dans le corps britannique. Lorsque nous sommes arrivés à Mooi River, l'un de ces hommes a été découvert - reconnu comme un ancien détective prétorien. Ce caporal est venu me voir et m'a donné quelques conseils. " Vous prouvez qu'il est un espion. , colonel, et puis livrez-le-nous : vous n'aurez plus d'espions après cela. J'ai fait lever le suspect. Il n'y avait pas l'ombre d'un doute sur son identité, alors j'ai simplement dit au sergent-major : "Cet homme est votre propriété, le nom officiel du corps est sous votre garde ; il y a un donga pratique par-dessus". là!' Je n'ai jamais revu cet homme et je n'ai pas demandé ce qui lui était arrivé, mais ce que je sais, c'est que le même soir, cinq hommes sont venus me voir et ont demandé à démissionner. Ils sont venus avec des visages aussi blancs que le ciel. manteau de cette jument là-bas. "Oui," dis-je en les regardant, "vous pouvez y aller. Vous partez pour le bien de tous les concernés, vous y compris." Et depuis ce jour, je n'ai jamais été troublé par l'enrôlement d'agents hollandais.

"Les plans les mieux élaborés des souris et des hommes Gang a-gley,"

et la poussière de la colonne se dirigeant vers la route de Prieska pesait encore à l'horizon lorsqu'un officier d'état-major revint au galop vers la nouvelle brigade de cavalerie. Il apporta au brigadier des instructions écrites qui annulaient à jamais le projet de Strydenburg. "Le GOC ordonne au commandant de bord de la nouvelle brigade de cavalerie de rester arrêtée jusqu'à ce qu'il soit rejoint par les détails qui le suivent le long de Britstown Road. Comme il est essentiel que le passage au-dessus de Minie Kloof soit maintenu dégagé en attendant l'arrivée des détails susmentionnés. , le GOC ordonne que la reconnaissance proposée vers Strydenburg soit abandonnée et que les troupes qui auraient été utilisées pour la reconnaissance soient envoyées pour tenir Minie Kloof. Dès que la nouvelle brigade de cavalerie sera complète, elle suivra en toute vitesse sur l'ordre direct. route vers Prieska. En aucun cas d'autres dispositions ne doivent être prises.

L'occasion n'était pas opportune pour exprimer les sentiments du brigadier, mais son silence était éloquent. Il n'y avait aucun espoir : c'était un ordre écrit d'un supérieur, et nous n'avions d'autre choix que d'obéir.

Certains disent que Christian de Wet est le meilleur général que la guerre ait produit dans les rangs de notre ennemi. Ce n'est pas notre intention actuelle de débattre sur ce sujet ; mais on peut dire avec certitude qu'il a été le plus heureux des dirigeants. À chaque fois qu'il a été mis à rude épreuve, lorsqu'il s'est retrouvé pratiquement à bout de forces, le pendule de la fortune l'a favorisé dans son élan. Assez souvent, il a sauvé sa peau grâce à la stupidité coupable de ses poursuivants. Mais même lorsqu'il a failli être acculé par les meilleurs dirigeants et hommes que l'Empire britannique peut produire, la loi du hasard est restée à ses côtés. Un télégramme contradictoire et intrusif du quartier général, un orage ou une rivière en crue ont, à maintes reprises, sauvé le commandant glissant à la onzième heure. Prenons le cas présent. Il s'est avéré par la suite que si le brigadier s'était déplacé, comme il l'avait prévu, vers Strydenburg et y était arrivé le jour même où son officier supérieur lui avait ordonné de rester ferme et de tenir le Minie Kloof, il serait arrivé à son objectif pratiquement simultanément. avec le chef de la guérilla. La nouvelle brigade de cavalerie aurait dû s'abattre sur le petit hameau du Karoo, fraîche et pleine d'esprit d'hommes nouveaux dans la guerre et « gâtés pour le combat » ; les hommes étaient juste assez sanglants lors de leur escarmouche préliminaire pour avoir confiance à la fois en eux-mêmes et en leur général, et - et c'est là la nature exaspérante de l'histoire - alors que les soldats britanniques se seraient lancés vigoureusement dans la bataille, De Wet et ses partisans n'étaient en aucun cas en mesure de le faire. condition pour les recevoir. Non préparés à l'arrivée de troupes fraîches, dépourvus d'armes, de trains et de munitions, frappés et harcelés par la ténacité du vaillant Plumer, criblés et déchirés par les trains blindés de Nanton, harcelés par Heneker et Crabbe, haletant pour se reposer, ils n'auraient pas été de taille. pour des dragons en quête de sang et une batterie d'artillerie à cheval qui étudiait la télémétrie en Afrique du Sud depuis la bataille de Magersfontein. Tout ce que nous pouvons faire, c'est hausser les épaules et dire : « C'est dommage ! tandis que nous payons les deux pence supplémentaires d'impôt sur le revenu que nous a coûtés notre confiance dans des dirigeants affaiblis et notre réticence à reconnaître et à faire reconnaître aux soldats que notre armée est une institution nationale.

Il se trouve qu'en temps de guerre, les soldats de base savent peu de choses de ce qui se passe et, pourrait-on ajouter, s'en moquent. C'est pourquoi les membres de la brigade qui ignoraient la situation à Strydenburg se réjouissaient de la perspective d'un arrêt. A cette époque de la campagne, les haltes étaient rares, et les hommes les considéraient avec le même esprit que le chef de famille moyen en Angleterre considère un ménage de printemps, car, pourvu qu'il y ait de l'eau, un « après-midi libre » permettra de faire un grand ménage. peu de la propreté que le dur trekking rend impossible. Les Dragoon Guards n'étaient pas restés assez longtemps dans le pays pour ressentir la nécessité d'une révision complète de leur linge. Mais les artilleurs à cheval étaient de vieux soldats, et dès que l'arrêt prévu devint de notoriété publique, les hommes enlevèrent leurs chemises et s'adonnèrent au luxe des bains de sable là où l'eau n'était pas disponible. Cela peut paraître une opération simple, mais ceux qui ont longtemps fait campagne dans le Veld sauront qu'un changement de vêtements ne révèle pas la moindre des « horreurs de la guerre ».

Mais, arrêté ou en mouvement, les ennuis et l'anxiété ne cessent pour l'état-major d'aucune unité engagée en service actif, et lorsque le brigadier a donné l'ordre de se conformer aux instructions de son officier supérieur, son officier d'état-major par intérim a découvert que la colonne il manquait deux soldats. Une troupe avait disparu depuis le premier jour de départ de Richmond Road, l'autre s'était perdue ce matin-là à Minie Kloof. Cela peut paraître absurde, mais il ne s'agit pas d'un incident isolé ; et si l'on en croit le témoignage de ceux qui marchèrent avec la « Grande Armée » vers Bloemfontein, il ne s'agissait pas alors de troupes qui manquaient, mais de cinquante pour cent de l'armée entière, et si gravement disparues qu'il fallut la moitié de l'armée. au quartier-maître général une quinzaine de jours de travail solide pour les retrouver définitivement. Le jeune inexpérimenté ne pouvait obtenir aucune aide de son brigadier. Depuis l'arrivée du message de la colonne principale, cet officier n'était plus accessible. Mais avec l'aide du bon artilleur-major et le retour opportun de la troupe qui avait été détachée le matin, comme le brigadier l'avait deviné, pour une chasse à l'oie sauvage après un mirage, il fut possible de répartir une sorte de répartition. une force capable de tenir un saillant à Minie Kloof sans priver totalement le camp de sa force de combat adéquate. Mais c'est dans des occasions comme celles-ci, lorsque des détachements isolés sont dispersés, que l'on court au désastre. Heureusement, ce n'est qu'une fois sur cent que l'ennemi a été en mesure d'accepter les cadeaux gratuits qui lui sont offerts.

NOTES DE BAS DE PAGE :

[30] Christian de Wet

VIII.
TOUJOURS EN POTER.

Au grand plaisir des hommes et au dégoût du brigadier, le jour se leva sans apporter d'autres ordres à la Nouvelle Brigade de Cavalerie. Il resta donc arrêté dans la grande prairie ouverte qui borde le Beer Vlei. On peut également supposer que De Wet et ses partisans, alors qu'ils dépouillaient la petite commune voisine de Strydenburg, apprirent avec satisfaction que les colonnes britanniques, qui s'étendaient autour de lui comme les rayons d'une roue sur l'essieu, étaient aussi immobiles que d'habitude. — Plumer par la force des choses, les autres pour les raisons exposées au chapitre précédent. Mais la guérilla rusée n'avait pas l'intention de s'attarder à Strydenburg. Cela ne faisait pas partie de sa stratégie de passer deux jours consécutifs au même endroit, à moins de vouloir réduire une garnison. Même les commandants de colonne britanniques sont parfois connus pour sortir de leur léthargie. Il resta juste dans la ville le temps de reconstituer les magasins de son quartier-maître et de reprendre les poneys frais que Hertzog avait rassemblés pour lui, puis se dirigea vers le nord en trois colonnes, espérant passer entre les rayons de la roue imaginaire avant que Plumer n'ait récupéré lui-même. Brand, avec une fine haie de Free Staters et de rebelles, fut laissé comme leurre pour couvrir Strydenburg, tandis que les trois colonnes se dirigeaient vers Marks Drift dans la boucle du fleuve Orange, au sud-ouest de Kimberley. Et pendant que De Wet mettait en œuvre le plan de ces mouvements du premier jour, la nouvelle brigade de cavalerie, sur ordre, restait arrêtée, couvrant l'entrée du col de Minie Kloof.

Mais les hommes étaient ravis. Pour la première fois depuis de nombreuses semaines, ils purent se retourner et s'occuper de leur confort personnel, changer leurs sous-vêtements et trier leurs affaires. Le soldat en service adore trier son matériel. Le simple fait qu'il soit capable de secouer son modeste sac jusqu'au fond signifie des « vacances », et dans les derniers jours, les vacances de trekking pour les hommes étaient rares. Mais même les vacances peuvent apporter des brûlures au cœur, et vers l'heure du petit-déjeuner, un hurlement de désespoir s'est élevé des lignes de l'artillerie à cheval. Une promenade décontractée à travers la bruyère jusqu'aux chevilles jusqu'aux quartiers de Freddy a récompensé les touristes qui avaient suffisamment d'énergie pour s'intéresser aux excitations du camp. Le major artilleur à cheval était depuis longtemps agacé par la participation de ses garçons Cafres et de ses coéquipiers. L'attribut prédominant du Cafre est la vanité, attribut qu'il possède en commun avec tous les sauvages et la plupart des hommes blancs. Nous ne chercherons pas la raison de cette vanité, car nous n'avons rien à voir avec l'éthique de la vanité masculine : il suffit à cette histoire qu'elle existe. La vanité a amené les Cafres d'Afrique du Sud à acquérir environ la moitié des tuniques de l'armée britannique débarquées sur ce continent. Thomas Atkins, en règle générale, n'est pas surchargé d'argent, c'est pourquoi il ne peut pas résister à la tentation des cinq souverains d'or que le Cafre est prêt à donner pour toute tunique écarlate qui n'est pas au dernier stade de décomposition. Le transfert des uniformes fut tel qu'un ordre de l'armée fut émis à ce sujet. Non pas qu'un ordre de l'armée fût suffisant pour arrêter la circulation générale des uniformes britanniques, mais il fournissait à des soldats sensés comme le major mitrailleur à cheval le « signal » dont ils avaient besoin. Les Cafres de Freddy avaient créé un nouveau régiment vert, et étant eux-mêmes presque au terme d'un contrat de six mois, ils étaient « pleins d'argent ». Par conséquent, à Britstown, où l'argent avait exercé une fascination supplémentaire sur le soldat britannique, les « garçons » attachés à la batterie avaient pu former un équipement très complet dans les régiments de ligne. L'arrêt a donné à Freddy son opportunité, et il a mis tous ses équipements à nu. La révélation était merveilleuse. Il n'y avait pas un conducteur ou *un voor looper* qui n'eût son pourpoint écarlate. Beaucoup, en effet, en possédaient deux, sans parler des casquettes de fourrage, des casquettes de service en campagne, des combinaisons de dragon et des pantalons de tireur. Les Cafres avaient d'abord considéré l'inspection des kits comme une plaisanterie. Mais ils tombèrent dans un silence perplexe lorsqu'ils virent leurs affaires jetées sur un tas commun. Leurs grands yeux blancs devenaient de plus en plus grands, et leurs lèvres repoussantes de plus en plus écartées, jusqu'à ce que, lorsque le dernier sac eut été fouillé, la torche fut appliquée sur la pile de vêtements. Alors ils comprirent l'explosion de tous leurs espoirs, et d'un commun accord ils poussèrent le cri de désespoir qui avait attiré l'attention du camp. Ils sont devenus comme des hommes possédés. Se frappant lourdement la tête à coups de poing, ils connurent les paroxysmes des lamentations négroïdes. On pourrait presque ressentir de la compassion pour eux, grands enfants bronzés qu'ils sont. Ils avaient travaillé dur pendant des mois, partagé les privations et les dangers de la guerre avec les hommes blancs, afin de pouvoir retourner dans leurs kraals parés, selon eux, de toute la splendeur des vêtements de l'homme blanc. Pour eux, l'utopie de la vie aurait été leur retour aux sources. L'admiration des femmes bavardes, les acclamations des piccaninies et le sourire hideux de leur chef suprême alors qu'ils lui présentaient humblement un casque cabossé dans un état à moitié délabré de finition en terre cuite. Mais Freddy n'était pas un philanthrope quand il s'agissait de l'honneur de l'uniforme que sa famille portait depuis deux siècles. Et il avait raison. La dignité de l'uniforme du Roi est précieuse avant toute philanthropie : « Ces brutes en uniforme de canonnier, jamais ! Ils peuvent garder leur kharki ; mais je ne veux pas que notre uniforme soit outragé dans ma batterie, quoi qu'en pensent les autres !

La question indigène, tout au long de la guerre, a fourni une étude intéressante. On ne peut pas prétendre que, dans les circonstances qui prévalent en Afrique du Sud, de bonnes conséquences résulteront de cette formidable lutte pour l'existence et la suprématie entre deux races blanches. Il ne faut jamais oublier que l'Afrique du Sud, comme l'Inde, sera tenue par la race blanche dominante qui tient l'épée. Il ne nous appartient pas de tracer ici quels problèmes pourraient être réservés aux races blanches dans un avenir lointain. La situation actuelle et dans un avenir proche semble assez insatisfaisante. L'esprit inculte de l'Éthiopien n'apprécie pas l'éthique plus raffinée des relations sociales et de l'égalité de l'humanité. La liberté de raisonnement signifie l'indépendance ; posséder l'indépendance, pour le semi-sauvage, est une preuve de pouvoir. La vanité inhérente aux aborigènes trouve alors de l'ampleur, et la nation qui reculait sous le sjambok des Boers sera la première à se rebeller contre l'équité des Britanniques. Et qu'avons-nous fait pendant ces longs mois d'occupation militaire pour contrecarrer les effets néfastes de la guerre ? Rien : à la manière britannique nous avons choisi de travailler les lignes extérieures. Nous avons vécu dans le présent, sûrs pour l'avenir. Qui a tenté de suivre le courant de pensée qui a dominé l'esprit indigène ? Pourtant, il aurait été assez simple d'analyser leur esprit. N'aurait-il pas été à peu près de ce genre ? - « Les Boers étaient peu nombreux et les Britanniques nombreux. Pourtant, il a fallu des mois aux Britanniques pour éliminer les Boers qui étaient peu nombreux. De plus, nous avons fait toutes les recherches pour les Britanniques... Sans nous, ils n'auraient rien pu faire eux-mêmes. Quelle est également la valeur des soldats britanniques ? Ils sont payés 30 shillings par mois. Nous - et nous sommes des hommes noirs - sommes payés par les Britanniques 3 et 4 £ par mois. Par conséquent nous devons être deux ou trois fois meilleurs que les soldats britanniques ! Et regardez comment les Britanniques nous traitent. Comme c'est différent du traitement que nous avons reçu de la part des Boers. Les Britanniques doivent avoir peur de nous ! Et dans l'abstrait, ce raisonnement est valable. Nous traitons l'indigène comme si nous avions peur de lui. Nous le traitons de manière à ce qu'il puisse se comparer favorablement au soldat britannique. Nous tenons pour acquis que ce fils noir illettré du sud connaîtra, comme nous, tous les troubles et normes du marché du travail : il discernera la raison, qui pour nous est évidente, de sa solde princière. Mais c'est là que notre stupidité grossière nous rattrape. L'indigène n'arrive pas à ses conclusions par le même canal de pensée que nous. Comment pourrait-il? Et comme nous ne l'utilisons qu'à notre convenance, et restons indifférents à l'interprétation qu'il donne à nos actions, nous n'aurons à nous en prendre qu'à nous-mêmes, lorsque, après avoir cédé à la vanité inhérente au Noir, nous le trouverons soudain à nos gorges. Non que nous croyions que les indigènes soient suffisamment avancés pour rendre notre emprise dans le pays précaire. Mais ils ont été suffisamment choyés par nous pour leur faire imaginer des choses vaines, et de vaines imaginations pourraient aboutir dans un avenir proche à une répétition de ces rapines, pillages et massacres de colonies blanches isolées, qui ont jamais fourni les pierres les plus tristes du cairn. de notre grand Empire.

Au lever du soleil, des nouvelles arrivaient de Prieska Road. L'hélio fit scintiller un autre message du général : « Bonne eau à Rietvlei, quatre milles plus loin. Avancez jusqu'à Rietvlei, formez-y votre brigade et attendez mes ordres. Presque au même instant, l'hélio du sommet du Minie Kloof nous a appelés. "J'ai amené deux escadrons du Mount Nelson Light Horse et une troupe du 21e King's Dragoon Guards. Poussant aussi vite que possible" - signé "Brigade-Major New Cavalry Brigade".

Le brigadier semblait complètement indifférent. Il reçut sans commentaire l'information de son prochain renfort et les derniers ordres du général, et après avoir pris son petit déjeuner, il regagne sa tente. Pour le moment, la brigade était devenue un chiffre. La seule personne vraiment satisfaite dans le camp semblait être l'officier du renseignement, qui voyait dans l'arrivée du véritable major de brigade la fin des tâches multiformes qui lui avaient été imposées. La brigade résista et bientôt, sortant d'une colonne de poussière presque opaque, le major de brigade et son commandement détaché arrivèrent en serpentant dans le camp. L'arrivée du renfort suscite l'intérêt du camp. On avait beaucoup entendu parler du Mount Nelson Light Horse, qui avait été spécialement créé pour répondre à la demande de Lord Kitchener d'avoir davantage d'hommes à cheval. Le Mount Nelson Light Horse est entré dans le camp. Les artilleurs, venus *en masse* accueillir leurs camarades, se contentèrent de mettre les mains dans les poches de leur pantalon et se détournèrent avec l'unique interjection : « Bon Dieu ! Les dragons, qui étaient des soldats plus jeunes et moins versés dans les connaissances du Veldt que les artilleurs, poussèrent des acclamations. Une réponse intermittente vint des arrivées poussiéreuses ; elle aurait pu être comparée au rire étranger par lequel les clients d'une pension de Soho expriment leur admiration pour l'air du gong du dîner. Le brigadier est sorti de sa tente et s'est tenu à découvert, tête nue et en manches de chemise. Soldat sans rubans, gentleman anglais franc, ouvert et galant. Son œil expert parcourut les rangs en lambeaux de sa légion nouvellement acquise. Il avait commandé des Coloniaux lors des combats les plus durs du Natal. Les Dragons ne sont peut-être pas des juges, mais rien n'échappe à son œil éprouvé. Il saisit chaque détail, les contours sémitiques de la moitié des profils, l'équilibre nerveux du Péruvien deux fois attesté, l'air de chien battu des quelques vrais hommes dans les rangs, qui répugnaient à ce qu'un soldat les trouve dans leurs associations actuelles. La moustache du brigadier cachait mal le travail de sa bouche. Puis le décor ridicule de la scène fit appel à sa nature enjouée et, riant de bon cœur, il se tourna vers son équipe avec le seul commentaire : « Gadzooks ! ils conspirent contre la renommée de mon beau nom. Il n'y a qu'un seul endroit dans le monde. monde entier vers lequel je peux mener cette « poussée », et son nom est Stellenbosch !"

Mais si le Mount Nelson Light Horse ne pouvait pas se battre, il pouvait parler. Ils étaient pleins de sang de seconde main. Si une de leurs troupes n'avait pas été capturée par De Wet, leurs hommes et leurs officiers n'avaient-ils pas été témoins de l'indignation de sang-froid de De Wet envers un officier britannique ! Tout cela était une nouveauté pour la Nouvelle Brigade de Cavalerie, et compte tenu du désir populaire de ridiculiser De Wet, il ne serait pas mal avisé de consigner l'histoire de son action dans les archives. Nous ne parlerons pas du meurtre cruel de Morgenthal, précédent dans l'histoire moderne par le meurtre de Macnaghten par Ackbar Khan, ni du traitement impitoyable des prisonniers faits à Dewetsdorp en décembre 1900. Pour nous, ce seul incident nous suffit. Lorsque De Wet passa au sud de la rivière Orange, à proximité du Pont de Norval, les troupes que Lyttelton attaqua contre lui depuis Colesberg arrivèrent trop tard pour le diriger, et au cours de son doublement - et De Wet recula avec une force considérable. compétence - il a capturé une petite proportion de ses poursuivants. Ces hommes ayant été dépouillés d'une grande partie de leurs vêtements, y compris leurs bottes, ne purent qu'avec la plus grande difficulté suivre le rythme des mouvements rapides de leurs ravisseurs. Il faut se rappeler que le détective Plumer était sur les traces de De Wet et que les Boers n'avaient pas de temps à perdre s'ils voulaient lui échapper. Il arriva un moment où les prisonniers à moitié affamés, presque nus et souffrant de douleurs aux pieds, ne pouvaient plus bouger. Toute la nourriture qu'on leur avait donnée était sous forme vivante, c'est-à-dire des moutons qu'ils devaient tuer, découper en quartiers et habiller eux-mêmes. Il était hors de question de cuisiner, car les éléments étaient contre eux, même s'ils possédaient les appareils nécessaires. Au milieu d'une marche épuisante — la fuite décrirait peut-être mieux la nature du mouvement — ces malheureux prisonniers se couchèrent et refusèrent de bouger un autre pied. Les menaces et les réprimandes contre leur escorte furent vaines. Puis quelqu'un s'est avancé et a informé De Wet. Le capitaine de la guérilla revint au galop vers la queue de la colonne et, plongé dans un paroxysme de rage, réclama l'officier le plus ancien parmi les prisonniers britanniques. Un grand gentleman anglais s'avança. [31] En un instant, le bras du guérillero fut levé, et le cruel sjambok de peau de rhinocéros tomba sur le visage de l'Anglais, laissant une grande marque bleue. Le bras fut levé pour un second coup ; mais l'Anglais, bien que prisonnier et bien que sa vie soit en jeu, finit par se débarrasser de son brutal ravisseur. D'autres Boers, ressentant sans doute la piqûre du coup aussi vivement que celui qui l'avait reçu, séparaient les deux hommes avant que l'Anglais non armé ne trouve la gorge du voyou. Mais le coup avait été porté : un prisonnier non armé, ayant rang d'officier, avait été châtié, acte de sauvagerie digne du meurtre de sang-froid d'un envoyé. Pourtant, le jour viendra sans doute où des Anglais ignorants rivaliseront entre eux pour faire honneur à l'homme qui a porté le coup mécréant. Ce seront des personnes ignorantes du sentiment qui imprégnait l'armée en Afrique du Sud. Au fur et à mesure que la nouvelle se répandait dans le camp, il fut convenu d'un commun accord que De Wet ne serait jamais livré vivant s'il appartenait à la nouvelle brigade de cavalerie de le mettre à genoux.

Conformément au commandement supérieur, toute la brigade parcourut dans l'après-midi les quatre milles indiqués dans le message du général. Cette journée avait été une répétition de celle qui l'avait précédée, un de ces après-midi brûlants de karoo, qui semblent saper l'âme même de tout ce qui vit. Le sentiment de découragement qui envahissait l'état-major semblait s'être transmis à toute la colonne, et la nouvelle brigade de cavalerie se faufila plutôt que de marcher vers le camp. Ce n'était pas un terrain de camping gai : une ferme solitaire de la plus pauvre construction, et deux bassins d'eau peu profonds et gluants étaient les seuls attraits auxquels il pouvait prétendre. Les hommes arrangeaient sobrement leurs lignes de chevaux et se roulaient pour suer les épreuves de la chaleur jusqu'au coucher du soleil. Le brigadier, toujours dans son humeur d'Achille, se retira dans son chariot. Le nouveau major de brigade, qui était le seul homme encore en forme, s'occupa d'organiser les piquets de nuit et de soigner le Mount Nelson Light Horse. Mais autour d'un bol de thé, que les messieurs arrangeaient vers quatre heures, le brigadier parut revivre ; et il venait juste de devenir accessible lorsque le colonel du contingent nouvellement arrivé s'approcha d'un pas nonchalant du chariot à mess, un homme grand, plutôt disgracieux, qui arriva avec toute l'assurance d'une personne en position d'autorité.

Colonel (regardant autour du groupe d'officiers autour du thé et désignant le major de brigade qu'il connaissait). "Quel est le brigadier ?"

Brigadier (qui avait totalisé les chèques du nouveau venu d'un bref coup d'œil). "Je suis si malheureux. Que puis-je faire pour vous ?"

C. (saluant avec désinvolture) "Ravi de vous rencontrer, monsieur ; j'ai pensé que je viendrais me présenter, d'autant plus que j'ai une mauvaise nouvelle !"

B. "Une action vraiment noble, et qui est susceptible de vous attirer les bonnes grâces ici. Qu'est-ce que c'est ?"

C. "Rien de plus ou de moins que mes hommes et mes chevaux sont morts-vivants. Ils devront s'arrêter ici au moins deux jours avant d'être aptes à bouger. J'ai———"

B. "Mon cher colonel, prenez du thé ; ou peut-être préféreriez-vous du whisky et du pétillant ? Vous m'apportez la meilleure nouvelle que j'ai entendue aujourd'hui !"

C. "Merci, monsieur; mais je suis sérieux au sujet de———"

B. "Bien sûr, bien sûr, vous êtes sérieux, et j'aurais été ravi de vous avoir laissé ici, vous et votre régiment, aussi longtemps que vous le souhaitiez - le plus longtemps serait le mieux. Seulement, j'aurai probablement l'ordre de bouger avec toutes mes forces avant le jour se lève, et cela étant, j'ai peur que vos 'voleurs' soient obligés de bouger aussi, 'mort-batteur' ou pas.

C. "Mais je vous assure, monsieur———"

B. "Il n'est pas nécessaire de m'assurer de quoi que ce soit, colonel. J'ai une confiance absolue dans votre connaissance de l'état d'inefficacité existant dans votre régiment. Seulement, je vous prierai de rappeler à l'avenir que je suis juge des capacités. " de mouvement des unités composant cette colonne. Mais parlons des perspectives de paix, ou de quelque autre sujet moins abstrus que le Mount Nelson Light Horse. En attendant, colonel, juste pour souligner ce que j'ai dit, mon officier de renseignement a des ordres aller dans ces fermes là-bas pour voir s'il peut trouver des guides appropriés. Je lui ai ordonné de prendre une troupe de vos hommes. Il partira dans quinze minutes. Ne resterez-vous pas pour prendre votre verre ? (Le lion du groupe des chapeaux mous fut réduit à l'agneau ; il salua et s'éloigna pendant que le brigadier remplissait sa tasse de thé.)

Major de brigade. "C'est à peu près sa taille, monsieur. Il m'a causé plus de problèmes dans ma marche depuis Hanover Road que l'ensemble du camion, chariots à bœufs compris."

B. "Je les connais. Je connaissais le caractère de cet homme à l'inclinaison de son chapeau et à la coupe de sa culotte. Il se révélera probablement un bon bretteur s'il est gardé à sa place. Mais il est venu ici pour partager l'autorité avec moi, et un seul homme peut commander cet écrasement, et un seul homme le fera. Ces gars-là, si vous les laissez faire, deviennent toujours impertinents dès qu'ils épinglent des plumes d'autruche dans leurs chapeaux. Ils sont les bienvenus devant les plumes, mais ils doivent laisser tomber les plumes. sauce. Alors arrêtez, Monsieur le Renseignement, et veillez à ce que cette troupe soit à jour. Cela ne me dérange pas si vous la perdez ; mais vous devez revenir vous-même à un moment donné ce soir. Je veux un guide fiable pour m'emmener n'importe où. dans un rayon de vingt milles, et toutes les informations que vous pourrez récupérer par hasard. Si nous traînons ici plus longtemps, nous nous retrouverons admis à une attaque de nuit, et une attaque de nuit avec une bande de gardes municipaux comme mon un nouvel ajout est à éviter.

L'officier des renseignements partit à la recherche du Tigre et sella son cheval. Il avait immédiatement repris ses fonctions légitimes et ne regrettait pas que le brigadier l'ait affecté à cette tâche particulière, même s'il estimait que sa mission avait été conçue plutôt comme une leçon pour le colonel du Mount Nelson Light Horse que comme un précaution nécessaire à la sécurité du camp. Mais il fallut beaucoup de temps à la troupe pour se mobiliser, et quand enfin vingt hommes furent montés, ils ressemblèrent à tout le monde comme s'ils étaient un groupe de criminels sur le point d'être conduits à l'échafaud. Le Tigre murmura à l'officier du renseignement : « Nous devrons y aller doucement avec ces gars-là. Si nous n'étions pas là, ils quitteraient le camp avec les deux mains au-dessus de la tête. C'est la classe d'hommes qui deviendront pris de panique. à un diable de poussière, et rendez-vous au premier coq-autruche qu'ils rencontrent ! »

C'était peut-être une exagération. Il y avait quelques bons hommes dans le corps, des hommes qui avaient bien combattu au début de la campagne. Mais ils étaient rares et, comme les événements allaient le montrer, ils n'avaient pas assez d'endurance pour faire lever le tout.

Les fermes que le brigadier avait indiquées étaient situées au pied d'un éperon rocheux qui s'enfonçait dans le veldt au nord de Minie Kloof. Ils n'étaient qu'à huit kilomètres du camp. Mais ces cinq milles se sont avérés trop longs pour l'escorte. Qu'il s'agisse d'une faiblesse physique ou d'une mutinerie naissante, peu importe. Les hommes se sont contentés de ramper. Les progrès étaient si lents que l'officier du renseignement, craignant d'être surpris, sélectionna quatre des meilleurs cavaliers de la troupe et se dirigea vers son objectif, laissant l' escorte le suivre au rythme qui lui convenait. La première ferme se trouvait dans une petite colline juste à flanc de colline, et l'approche était si masquée que le petit groupe d'éclaireurs s'approcha à moins de deux cents mètres de sa façade blanchie à la chaux sans même se déclarer. Une élévation du terrain et une butte donnaient toute la couverture que le Tigre jugeait nécessaire, et il suggéra d'envoyer les quatre soldats sur un donga, qui leur permettrait de gravir l'envers d'une seconde colline qui dominait la ferme, tandis que lui-même s'avança, couvert par le fusil de l'officier de renseignement depuis leur position actuelle. L'officier du renseignement a accepté la première partie du projet, mais il a inversé l'ordre du dernier arrangement. Ayant vu les soldats bien en route, il quitta le Tigre pour couvrir l'avancée et se dirigea tranquillement vers la ferme. C'était une ferme très ordinaire, non pas au ras du sol, mais posée sur un socle de brique comme un bungalow indien. Un grand calme solennel régnait sur tout le kloof, pas une âme vivante n'était visible, et les pas du cheval semblaient étrangement exagérés lorsque le cavalier solitaire s'approchait de la véranda. Bientôt, un chien s'agita, trottina au soleil et aboya furieusement. Cela dérangeait les habitants de la maison ; Une fille ouvrit précipitamment le battant supérieur de la porte, regarda dehors, puis ferma la porte avec fracas. C'était suspect, et l'officier du renseignement laissa tomber sa main sur la caisse en bois du pistolet Mauser attaché à son étui ; son pouce appuya sur la gâchette, et il laissa tomber le pistolet, gardant sa main sur le manche. Puis, à son cri de « *Wie dar !* », la partie supérieure de la porte s'ouvrit de nouveau avec précaution. Le même visage apparut, celui d'une Hollandaise ronde aux yeux bleus. Elle tourna son regard impassible vers le visiteur qui, pour ouvrir la conversation, mettait à profit ses connaissances limitées de la langue vernaculaire jusqu'à demander un peu de lait.

"Lait!" » répondit la jeune fille dans un anglais passable. "Oui, je vais te chercher du lait. Attends !"

Elle a mis beaucoup de temps à trouver le lait et l'officier des renseignements a commencé à ressentir la situation comme oppressante. Il aurait aimé tourner la tête pour voir s'il y avait le moindre signe que ses soldats étaient en position sur la colline au-dessus de lui. Mais il éprouvait ce sentiment indescriptible qui fait souvent croire à un homme que chacun de ses mouvements est observé par des yeux invisibles. Ceux d'entre vous qui ont tiré sur le tigre à pied apprécieront facilement la nature de ce sentiment. Pourtant, même s'il regardait par la porte ouverte, ses yeux ne distinguaient aucun mouvement ni ses oreilles aucun son incriminant. Bientôt la jeune fille revint avec un verre de lait sur un plateau. Elle ouvrit la moitié inférieure de la porte et arriva sagement au bord de la véranda. L'officier des renseignements tendit la main pour recevoir le verre, quand aussitôt la jeune fille baissa le coude et lui aspergea le visage du contenu du verre.

"Les mains en l'air!" dans des tons stentoriens depuis la porte ; et à travers un brouillard blanc de lait, l'Anglais eut la vision de deux fusils pointés sur lui à courte portée, tenus par des clients à la barbe grossière, et d'une jeune fille au visage blanc convulsée de rire. L'effet qui donne à réfléchir de la gorge métallique d'un fusil à quelques centimètres de votre poitrine est considérable, et l'officier des renseignements était un homme capturé. Mais pour un instant seulement. Quelque chose passa devant son oreille et une grande étoile apparut dans le plâtre blanchi à la chaux, à seulement un pied au-dessus de la tête des Hollandais. Le Tigre s'était montré à la hauteur de la situation. Le rire de la jeune fille s'éteignit, les deux hommes se baissaient et se dirigeaient instinctivement vers le couvercle de la porte. L'officier de renseignement avait un huitième de seconde pour se décider. Pour être vraiment sensationnel, il aurait dû couvrir les Bourgeois avec son Mauser ; mais il était plus pratique, et au moment où les hommes retrouvèrent leur sérénité, il galopait aussi vite que son poney pouvait poser les jambes au sol jusqu'à la butte où le Tigre était bien installé. Puis il réalisa l'étendue du nid de frelons dans lequel il s'était engagé. Des fusils claquaient à droite et à gauche de lui, comme des fouets dans un enclos à bétail. Mais il est difficile de heurter un corps en mouvement. Beaucoup de ceux qui ont pris part à la bataille d'Omdurman se rappelleront comment un seul émir sur un épouvantail de cheval galopait indemne tout au long de la division britannique avançant autour de la base de Jebel Surgham, bien que chaque homme dans la ligne de tir ait fait de son mieux. pour le faire tomber. De même, l'officier du renseignement a bravé le défi et a atteint une sécurité temporaire autour de la base de la butte du Tigre sans dommage. Il n'y avait pas de temps à perdre. Le Tigre était à terre et montait presque avant que son officier ne se rende compte qu'il était en sécurité.

Tigre. " Venez, monsieur ; c'est presque arrivé, mais nous n'avons que le temps si nous galopons ! "

Officier du renseignement. "Mais le détachement d'accompagnement, il ne faut pas les abandonner !"

T. « Nous ne pouvons leur faire aucun bien. Ils doivent tenter leur chance – pour l'amour de Dieu, galopez, monsieur !

Le Tigre a effectivement dit la vérité ; c'était une chose proche. Ils n'avaient pas placé une centaine de mètres entre eux et la colline lorsque les ennemis à pied étaient au sommet, et le sol autour des fuyards jetait de petites bouffées de poussière sous les balles.

Leur chance était là, et après trois minutes périlleuses, ils étaient hors de danger immédiat, car le bruit des fusils depuis la colline devant eux prouvait que l'officier en charge de la troupe de soutien avait été à la hauteur. S'il avait été un meilleur soldat, il aurait pu faire profil bas et laisser les fugitifs attirer leurs poursuivants vers leur propre destruction. Mais cela n'était pas venu à l'esprit du jeune homme qui avait récemment remplacé le pilon et le mortier d'une pharmacie par l'épée d'un chef d'infanterie à cheval, et il fit de son mieux, avec une excitation convenable.

L'histoire du Tigre était intéressante. " Juste au moment où vous vous arrêtiez à la ferme, monsieur, j'ai aperçu la lueur d'un fusil au sommet de la colline que nous avions envoyé les soldats occuper. Comme je savais que ce ne pouvait pas être nos propres hommes, j'ai immédiatement Ils nous avaient vu arriver. Je savais que les soldats étaient des hommes perdus : les Boers les laisseraient gambader sur le kopje, et lorsqu'ils arriveraient au sommet, complètement détruits et inutiles, ils les désarmeraient sans problème. Je tirai un coup de feu. Tout dépendait désormais de la possibilité que j'aie échappé à mon attention. Il était impossible de vous avertir sans tirer avec mon fusil, alors j'ai regardé autour de moi pour voir si j'étais traqué. Je ne voyais personne sur ma piste, alors j'ai restez tranquille et attendez ce qui se passe à la ferme. J'ai vu la jeune fille jeter le lait, et j'ai alors calculé qu'un coup de feu placé entre vous et les hommes les déconcerterait tellement momentanément que vous pourriez vous enfuir.

"Dès que vous vous êtes retourné, la graisse était dans le feu, et j'ai constaté qu'ils nous couvraient tout autour. C'était une pitié qu'ils ne m'aient jamais repéré avant que je tire. Je suppose qu'ils ont conclu que cinq sont allés avec le flanc. des éclaireurs au lieu de quatre seulement. De toute façon, il devait y en avoir une bonne trentaine, et nous savons maintenant qu'ils sont là.

"Eh bien, jeune homme !" » dit le brigadier lorsque l'officier des renseignements se présenta lui-même, « pourquoi toutes ces fusillades ?

Il écouta l'histoire et resta pensif un instant. Puis il remit à l'officier de renseignement un message qui était le suivant :

"De De Wet Expert, Hopetown, à OC New Cavalry Brigade, Prieska ou environs.

"De Wet était à Strydenburg la nuit dernière. Répétez," etc.

Brigadier. "Que penses-tu de cela?"

Officier du renseignement. "Nous avons perdu beaucoup de choses. Mais ne sommes-nous pas dans la bonne position ce soir ? Il me semble que j'ai dû me jeter la tête dessus."

B. "Je crains que non. Nous venons juste de retoucher le 'hareng rouge' ; mais, grand Écossais ! quelle chance m'a été enlevée. Discutez-en. Équilibrez les probabilités. C'est ce que je fais. Hertzog a rejoint De Wet à Strydenburg hier soir. Hertzog l'a rejoint avec l'information que trois colonnes avaient quitté Britstown, via Minie Kloof. Trois colonnes seraient trop pour De Wet dans son état de délabrement; il vient donc d'envoyer une patrouille pour nous observer, alors qu'il a frappé ailleurs. S'il a toujours l'intention d'aller vers le sud, il passera entre Britstown et De Aar. Mais je doute qu'il tente l'astuce de la côte. Si je le connais, il reviendra sur son itinéraire d'origine. C'est un vieux renard rusé. Vous pouvez parier tout ce que vous valez que vous vous êtes trompé dans sa patrouille d'observation et que nous avons perdu la meilleure chance de toute la guerre simplement à cause des idiosyncrasies d'un vieil homme stupide. Je ne m'en soucierai pas. à propos de tes amis ce soir ! »

Une heure après la tombée de la nuit, quatre malheureux objets, complètement nus à l'exception de leurs gilets, et avec des mastics attachés autour de leurs pieds pour remplacer leurs bottes, entraient en titubant dans le camp. Il s'agissait des quatre soldats du Mount Nelson Light Horse qui avaient fourni l'équipe d'accompagnement de l'officier du renseignement. Comme le Tigre l'avait deviné, ils étaient devenus une proie facile pour les Boers au sommet de la colline. Ceux-ci les avaient dépouillés de tous leurs vêtements et, après les avoir parqués dans un donga pendant quelques heures, les avaient renvoyés au camp avec les meilleurs compliments du commandant Vermaas. Ils devaient dire à leur général que De Wet serait à

Britstown cette nuit-là et qu'il était passé à moins de quatre milles de notre camp avec toutes ses forces dans l'après-midi.

"C'est réglé", dit le brigadier. "Ils n'auraient pas lancé cette histoire si De Wet était vraiment allé à Britstown. Vous pouvez me croire sur parole, il est parti vers le nord."

Ces mots étaient encore sur les lèvres du brigadier lorsqu'un indigène entra avec un message chiffré du général. Il se lisait comme suit : -

"Des informations fiables indiquent que De Wet se trouve à Strydenburg. Concentrez-vous là-bas avec moi demain à midi. Je prendrai la route de Zwingelspan, qui me mènera dans les collines au nord de Strydenburg. Vous emprunterez la route Kalk Kraal-Grootpan, et installez-vous sur Tafelkop, au sud de la ville. Arrangez-vous pour que vos canons soient en position avant midi. N'essayez pas d'ouvrir une communication visuelle avec moi. Un tel parcours pourrait donner des informations sur nos mouvements à l'ennemi. Envoyez un reçu de ceci message à Zwingelspan, afin d'arriver au plus tard à 10 heures demain. Signé : « N..., chef d'état-major. *PS :* J'ai peur que De Wet ait pris votre convoi. »

Brigadier. "Y a-t-il jamais eu une atrocité pire que celle-ci ? S'il avait été assez homme pour avoir commis cela vingt-quatre heures plus tôt, lorsque je l'ai imploré de le faire, il aurait pu être ainsi le plus grand héros de la guerre. Mais ici, oncle Baker (au major de brigade), envoyez simplement chercher ce type impertinent qui commande les cyclistes du Mount Nelson Light Horse, et dites-lui que lui et ses cyclistes doivent se frayer un chemin jusqu'à Strydenburg avant 10 heures du matin pour -demain. Dites-lui que s'il reçoit un message à Pretoria demain avant 10 heures du matin, c'est comme un DSO pour lui. Dites-lui qu'il doit être prêt à se battre comme un bonhomme, mais ne lui faites pas peur aussi beaucoup : dites-lui juste assez pour qu'il continue à surveiller autour de lui, sinon sa bande sera capturée en détail par le premier bourgeois qu'ils rencontreront. Il peut commencer quand il le souhaite. Si je peux faire passer un message à K. en premier, ce sera gagné. Peu importe à quel point je me mutine après !"

NOTES DE BAS DE PAGE :

[31] Major (maintenant lieutenant-colonel) Bogle-Smith.

IX.
À UNE NOUVELLE COUVERTURE !

Les cyclistes du Mount Nelson Light Horse sont sortis du camp avec une certaine démonstration de bravoure. Ils avaient quitté Cape Town en force de 100 personnes. Le trajet de Hanover Road à Britstown avait réduit leur nombre de cinquante pour cent. Les cinquante hommes encore présents dans la brigade représentaient la survie du plus fort après une semaine de pluie à Hanovre et une autre semaine de lutte avec les pistes du Karoo enfoncées jusqu'aux chevilles dans la poussière. Mais les hommes ont essayé de montrer une certaine façade alors qu'ils sortaient du camp à pédales. Leur capitaine était un passionné. Il n'avait cependant que peu de matière pour insuffler son enthousiasme ; et à tout moment, les routes sud-africaines sont aussi démoralisantes pour les conducteurs habitués à une surface macadamisée que le lit rocheux d'un ruisseau le serait pour un moteur de traction. Ces mêmes cyclistes étaient ceux qui s'étaient précipités jusqu'aux cols de Picquetberg lorsque dix hommes et un garçon menaçaient Le Cap d'invasion ; et le souvenir de la vague d'enthousiasme militaire qui secoua le grand port maritime de Greenpoint à Simon's Town valait encore quelque chose pour eux alors que, surchargés, ils luttaient avec le Karoo.

« Vous ne le pensez peut-être pas, » dit le brigadier, tandis qu'il luttait avec le mouton, qui est l'aliment de base de la table du petit-déjeuner dans le Veldt, « mais je suis inquiet pour ces gars-là,... Cela ne sert à rien d'avoir des cyclistes s'ils ne veulent que flâner au camp. Je les utilise dans le même esprit qu'un joueur de pyramide inexpérimenté brise les balles au début d'un jeu. J'espère que parmi la foule, un seul peut rentrer à la maison. Le capitaine est un homme chaleureux, et il se rendra probablement à Strydenburg ; mais il est à peu près le seul sur lequel il vaudrait la peine de parier. Je serais désolé de le perdre, car j'aime les enthousiastes ; mais quant à sa bande, Je présenterais volontiers le tout à mon « frère ». J'avais quelques cyclistes sur le chemin de Calvinia. J'ai trouvé que dans une pente descendante, ils étaient des terreurs, mais quand une ascension se présentait à eux, ils offraient à leur « frère » une quantité de plaisir. Le cycliste, pour être utile à la guerre, doit avoir des routes et chance ; sinon, en tant que scout ou messager, il n'a aucune valeur. C'est très bien pour les faddistes de leur prophétiser un avenir. J'aime les voir travailler à leur propre salut : images de cyclistes démontés derrière des piles de vélos prêts à recevoir la cavalerie. me remplis de joie. J'aime anticiper la joie de la cavalerie qui les a forcés à descendre de cheval pour l'action dans un endroit désavantageux, et puis, pendant qu'ils doublent leurs machines comme des chevaux de frise, les abattent du couvert *d'* un botte de foin à mille mètres.

Major de brigade. "Mais sûrement, monsieur, les cycles doivent avoir une certaine utilité à des fins militaires. Les Français, par exemple, les utilisent presque exclusivement pour transporter des messages dans leurs manœuvres !"

Brigadier. " C'est vrai pour vous. Mais en France, ils ont des routes. Même si, même avec les meilleures des routes, il y a une limite à leur utilité. Derrière une armée, ils sont excellents ; devant une armée, leur valeur est encore problématique. Même là-bas, à Calvinia. ", là où les bourgeois étaient rares et les routes principales étaient bonnes, ils transportaient rarement un message avec autant de sécurité et aussi rapidement qu'un Cafre à cheval. Ils sont vulnérables partout pour d'autres causes que les aléas de la guerre. La machine vulnérable, l'homme vulnérable, et dans un pays comme ici, là où les routes ne sont pas masquées par des haies, ils fournissent une sorte de « cerf courant » à chaque poste d'observation bourgeois, et, autant que je puisse en juger, il y a un poste d'observation sur chaque kopje ! ...

Il ressort de ce qui précède que le brigadier n'avait pas l'intention de se lancer dans la chasse à l'oie sauvage qui lui était proposée. La missive qu'il avait envoyée à Strydenburg avait été astucieusement construite. Il disait : « Les informations locales indiquent que les envahisseurs ont reculé vers le nord, évidemment dans le but de repasser le fleuve Orange. Je me déplace avec toute la diligence raisonnable vers Hopetown. J'étais en contact avec des groupes d'ennemis dispersés la nuit dernière. juste assez de fournitures pour m'emmener à Hopetown. Le message était adressé au chef de Pretoria et répété au lieutenant-général commandant les opérations visant à réprimer l'invasion. Sachant que les cyclistes risquaient de se retrouver à Strydenburg, une deuxième copie du message fut envoyée de la main d'un Cafre, pour être remise au bureau télégraphique de Britstown. En fin de compte, c'est le télégramme des cyclistes qui est parti et, comme prévu, a renversé la charrette à pommes que le général a ensuite tenté de conduire sur le brigadier prostré. Selon la stricte lettre du droit militaire qui, dans de nombreux cas, subordonne l'initiative individuelle et le bon jugement, l'action entreprise par le brigadier était indéfendable. Mais en réalité, la mutinerie n'a pas été aussi terrible qu'il y paraît à première vue. Laissant de côté la question de bon sens qui devrait guider les officiers des commandements supérieurs lorsqu'ils acceptent les ordres d'un supérieur, il convient de rappeler que le brigadier avait seulement reçu pour instruction de coopérer avec l'officier qui avait désormais assumé la position de chef suprême. commande. Lord Kitchener lui-même, lors de la réunion sur la plate-forme de De Aar, avait confié au brigadier une commission itinérante, qui ne devait être contrôlée que par les ordres de Pretoria et du lieutenant général de De Aar. Par conséquent, il n'aimait pas que sa libre action soit entravée par un senior dont le seul objectif semblait être le désir de le serrer dans ses bras, lui et sa force, aussi étroitement que possible pour se protéger contre des dangers imaginaires. Le brigadier, qui était à tous points de vue un soldat aussi compétent que n'importe quel autre soldat d'Afrique du Sud, n'avait pas passé dix-huit mois à suivre ou à être suivi par les Boers, sans parvenir à une appréciation très fine de leur tactique. L'histoire de la chasse dans laquelle il était engagé, telle qu'il la lisait, indiquait une rupture du corps principal des envahisseurs en direction du fleuve Orange ; et après avoir équilibré sa conception de la situation avec sa conscience, il considéra que le geste le plus utile qu'il pouvait faire était de se placer lui et sa brigade sur le chemin de fer à Hopetown. Ainsi, après avoir envoyé les cyclistes flairer les terres de Strydenburg, la nouvelle brigade de cavalerie, travaillant en trois colonnes parallèles, contourna l'extrémité est du Beer Vlei et frappa au nord-est, le dos de son arrière-garde tourné vers le nord-est. le Karoo pour toujours.

"Et Zwingelspan ?" demanda le major de brigade en se souvenant des instructions écrites dans la missive du général.

"Laissez-le déchirer", fut la réponse laconique du brigadier. "Avec cette foule de Vermaas qui traînent, je ne vais pas risquer d'autres patrouilles que des cyclistes, et je ne vais certainement pas avancer en force !" Ce fut définitif, et le front étendu de la brigade s'ouvrit à travers le veld, jetant ses antennes comme les tentacules de quelque monstre qui rampe lentement. Il serpentait à travers les hautes terres et les basses terres, fouillant les fermes isolées, sillonnant les ravins et les parcelles de farine. Mais bien que les oiseaux sauvages se levèrent en bavardant et, grondant amèrement, tournèrent autour des éclaireurs, même si les springboks trottèrent tranquillement devant chaque colonne, bien que des filles maussades et des Cafres bouche bée regardèrent sous les avant-toits des fermes, aucun signe d'hostilité n'était visible. à trouver dans toute cette vie. C'était à nouveau la même vieille corvée monotone du Veld. Le même soleil impitoyable, le même environnement sans sève et desséché. À mesure que la journée avançait, les hommes aspiraient au bruit d'un fusil pour alléger le fardeau de la monotonie. Le pays devint également plus vallonné et, craignant d'être attaqué en détail, le brigadier réduisit son front jusqu'à ce qu'à quatre heures de l'après-midi, la brigade soit concentrée à toutes fins pratiques. C'est alors que l'avant-garde s'engagea sur une grande route blanche, enfoncée jusqu'aux chevilles dans la poussière. Cette piste veldt était si rigide dans son tracé, qu'on aurait pu la prendre pour le moment pour une route à péage tombée en des temps décadents. Mais la couleur locale de son environnement ne supportait pas la comparaison, et la raison pour laquelle il était décharné se profilait à mi-distance. Une grande place de bâtiment blanchi à la chaux, qui, chose étrange à raconter, était éclipsée par un grand nombre d'arbres, lui donnant une apparence qui n'est pas sans rappeler la première tentative qu'un marchand bengali fait dans une résidence de campagne, lorsque le succès dans le commerce l'oblige à impérativement. devrait améliorer les conditions de son logement. Mais bien qu'au premier abord l'aspect général de la ferme fût rébarbatif, pourtant, à l'examen, elle présentait plusieurs qualités qui sont précieuses pour le soldat. Un *barrage infantile* fermant la pente de drainage dans une dépression formait un bassin d'eau artificiel de dimensions non négligeables. Deux moulins à vent alimentés en zinc exploitaient deux puits artésiens avec un tel succès que l'eau potable la plus pure y était abondante ; et le résultat de toute cette humidité fut la tentative la plus proche de réaliser une pelouse qu'un seul membre de la brigade ait vue dans toute l'Afrique du Sud, en dehors du Cap et de ses banlieues. Un grand tas de fourrage ajoutait aux atouts militaires de la localité, et le brigadier se contenta de regarder l'eau et la pelouse et dit : « Une terre où coulent le lait et le miel, c'est ici que je camperai. Je n'ai pas pu résister. camper dans un tel endroit même si j'avais le vieux De Wet à quelques mètres de chez moi !" Et c'était en effet un endroit enchanteur pour le guerrier usé par le Karoo. Juste une de ces délicieuses oasis qui existent, mais qui ne sont pas abondantes dans la colonie du Cap. Sur eux se trouvent les meilleures et les plus anciennes fermes, car lorsque les ancêtres des propriétaires actuels les ont visités pour la première fois, ils n'avaient pas besoin d'aller plus loin à la recherche d'un mouillage souhaitable. Si ces endroits enviables avaient été plus nombreux, même la barbarie de la domination britannique n'aurait pas poussé les *voortrekkers* à une émigration massive à travers les eaux savonneuses du fleuve Orange.

Après les soucis habituels de l'installation au camp – les muletiers conduisant les animaux à l'eau dans la réserve d'abreuvement et les commandants se montrant désagréables – il était temps de tourner son attention vers les habitants du manoir en bordure de route. Le grand bungalow blanchi à la chaux semblait animé d'habitants. L'officier de renseignement vaquait à ses occupations avec l'air d'un expert, et en deux minutes le chef de la maison, un beau vieux spécimen du Boer patriarcal, et son fils, un pauvre homme, se tenaient devant lui, chapeau en main, tandis que des femmes de tous âges et de tous costumes complets regardaient depuis chaque crevasse commode de l'arrière-plan. L'attitude générale de la maisonnée était celle de l'humilité, contrairement à l'accueil habituel que la colonne avait connu dans la majorité des fermes du Karoo. Et bientôt la raison de cette déférence devint apparente. Les enfants béants dans l'entrée principale furent écartés et une femme aux proportions magnifiques se glissa entre les deux humbles hommes. Le vieil homme marmonna quelque chose à propos de sa belle-fille, tandis que son fils insensible paraissait, si possible, plus penaud qu'au début. L'officier du renseignement, pour sa part, avait du mal à garder son calme. La dame était parée de ses plus beaux atours. Sa silhouette ample était enveloppée dans les plis bruissants d'une magnifique robe de soie qui avait manifestement été coupée à l'époque de l'attache à crinoline. Ses cheveux, montrant des signes de la rapidité avec laquelle leur brillant actuel avait été appliqué, étaient noués quelque part à côté du cou ; et non satisfaite des parures de la nature, cette beauté préhistorique avait fixé une grande plume d'autruche blanche dans ses tresses bien graissées, qui retombaient sur son cou et ses épaules. L'officier des renseignements s'inclina profondément afin de maintenir ses sentiments dans la juste subordination. La dame ne tarda pas à se présenter. Laissant tomber une brassée d'une jupe si volumineuse qu'il fallait la tenir à deux mains, elle prit mollement la main de l'officier.

Madame. "Bonjour. Je suis Mme Van Herden ; voici mon homme [32] (*désignant le doux fils de la maison*). Nous sommes heureux de vous voir. Voudriez-vous prendre un café ?" (Et pendant qu'elle parlait, une servante microscopique Cafre apparut avec l'inévitable café sur un plateau.)

Officier du renseignement. "Merci, madame, mais je dois d'abord fouiller la maison et les latrines."

F. "Vous êtes invités à le faire. Nous sommes parfaitement loyaux. N'avez-vous pas entendu ce que les Van Herden ont fait pendant les guerres Cafres, et mon grand-père était Écossais."

IO "Ce n'est qu'une question de forme, Madame. N'importe qui pouvait voir que vous étiez loyale !"

F. « Êtes-vous général, monsieur ?

IO "Non ; je devrais l'être si j'avais mes mérites ; mais je suis la meilleure chose à faire. Je suis le secrétaire du général." (Sur ce, le vieil homme grogna d'approbation, tandis que le chœur des servantes béantes hochait la tête en signe d'approbation derrière lui.)

F. "Puis-je voir le général, Monsieur le Secrétaire ?"

IO "Cela dépend des informations que vous me donnez maintenant. Pourquoi souhaitez-vous le voir ?"

F. "Mes enfants n'ont jamais vu de général anglais ; d'ailleurs, c'est la première fois que les Anglais viennent à la maison ; nous aimerions préparer un dîner pour le général anglais !"

IO "Mais vos enfants ont vu des généraux bourgeois ?"

F. "Oh, oui, ce n'est rien. Nous avons eu le commandant Brand ici hier !"

IO "Quand est-il parti ?"

F. "Tôt ce matin !"

IO "Par quel chemin est-il allé ?"

F. "Il est sorti sur le Veldt; ils ont pris la route de Strydenburg. Mais c'étaient des Staters Libres; on ne peut pas dire où ils allaient. Ils nous disaient Strydenburg, puis allaient ailleurs. Vous voyez, ils savaient que vous étiez fermer!"

IO "Combien d'hommes avait-il avec lui ?"

F. "Seulement quelques-uns. C'était un petit commando à cheval, peut-être une vingtaine. Tous des Free Staters !"

Le vieux patriarche, qui fouillait dans sa poche, sortit alors un bout de papier qu'il présenta à l'officier des renseignements. L'écriture sur le papier était la suivante : -

" *Reçu OVS pour propriété réquisitionnée.*

« Pris chez Jan Van Herden, de Melk Kraal, Colonie du Cap, deux sacs de farines, 500 bottes de fourrage d'avoine, deux mulets, quatre moutons, à l'usage du commando OVS.

"Cette quittance devait être présentée pour remboursement à la fin de la guerre au Gouvernement OVS.

(Signé) " ADRIAN FISCHER ,
caporal, forces OVS.

Daté " *février* ——."

IO "Qui est Fischer ?"

F. "C'est l'adjudant de Brand !"

IO "Je pensais que tu disais qu'il n'y en avait qu'une vingtaine dans le commando. Eux et leurs chevaux devaient avoir faim pour manger quatre moutons et 500 bottes de foin d'avoine. Je devrais dire qu'ils devaient être plutôt une cinquantaine !"

F. « Peut-être que nous ne les avons pas comptés. Mais pouvons-nous inviter le général à dîner ?

IO "Ça dépend. D'abord, je dois visiter vos chambres."

Suivi par toute la famille, l'officier de renseignement parcourut les différentes pièces, meublées et tapissées à la manière stéréotypée hollandaise, jusqu'à arriver au bout de la longue maison. Ici, une porte fermée leur barrait le passage.

IO "Qu'est-ce qu'il y a dedans ?"

F. "Rien, il n'y a que ma fille et son 'homme'; ils ne sont mariés que depuis quelques jours, alors nous les laissons vivre séparés. (En ouvrant la porte.) Vous pouvez entrer, bien sûr. Nous sommes des chauvins. , nous n'avons rien à cacher."

L'officier des renseignements entra dans la pièce et trouva un jeune homme barbu et une jeune femme rondelette et très étourdie, assis penauds, main dans la main. Ils se levèrent à son entrée et le regardèrent d'un air absent. L'homme était un méchant spécimen du Hollandais, grand et mince, avec une poitrine étroite et des épaules tombantes. Une barbe rousse agressive pour un si jeune, poussant à l'envers à la manière des Sikhs. Une misérable créature cadavérique, mais sans aucun doute avec assez de force dans son index pour tirer sept livres d'un fusil.

Les yeux de l'officier du renseignement parcoururent la pièce, qui était suffisamment nue pour satisfaire le plus ascétique des couples en lune de miel. Un demi-regard suffisait pour lui prouver que la femme avait dit la vérité, alors il se tourna vers les deux hommes et lança à l'homme une question si sèche qu'il commença : « Connaissez-vous la route de Zwingelspan ? L'homme se reprit lentement, puis affecta cet air d'imbécillité qui est invariablement l'effort de protection du Hollandais lorsqu'il est acculé par une question à laquelle il ne veut pas répondre. Mais sa nouvelle belle-mère tenait visiblement à ce que rien ne puisse irriter le visiteur, car elle répondit elle-même à sa question avec douceur. "Bien sûr, il connaît le chemin jusqu'à Zwingelspan. Eh bien, il y habite lui-même !"

IO "Alors c'est exactement l'homme que je veux. (*À l'homme*) Vous devez m'accompagner jusqu'à mon chariot et y attendre au cas où le général voudrait un guide pour Zwingelspan entre minuit et minuit."

Un silence complet s'empara de tout le groupe après que l'officier des renseignements eut prononcé ce discours. C'était comme s'il avait contrarié un plan par inadvertance. Mais la seule chose qu'il remarqua à ce moment-là, c'était que le visage pâle de la mariée, alors qu'elle se tenait mollement devant lui, devenait un peu plus pâle, et que ses grands yeux bleus se remplissaient de larmes, qui se posèrent un instant sur ses cils et puis coula sur ses joues. Si, comme l'officier du renseignement n'était que trop prêt à le supposer, il avait déjoué une ruse élaborée pour protéger l'un des envoyés spéciaux de Brand, alors la jeune fille était une actrice accomplie ; mais si, comme c'était probablement le cas, elle était amenée à pleurer en prévision d'un péril pour son mari ou son amant, alors elle avait adopté une conduite la plus susceptible de servir son objectif avec l'homme sur le point de se placer entre elle et l'homme qu'elle aimait. . Rares sont les officiers britanniques qui peuvent persévérer dans une tâche déplaisante face au reproche adressé par une femme silencieuse et en pleurs.

IO (adoucissant le ton autoritaire de son discours) " Ne vous inquiétez pas. Je vous promets que nous ne l'emmènerons pas plus loin que Zwingelspan, même si nous l'y emmenons du tout. "

Mariée en pleurs. " Si vous l'emmenez, comment saurai-je un jour ce que vous ferez de lui ? Vous dites ici que vous allez à Zwingelspan ; mais nous savons que vous n'y allez pas. Vous ne nous le diriez pas si vous y alliez. D'ailleurs, le Les Britanniques étaient à Zwingelspan ce matin et vous suivez les Boers. »

F. "Oh, laissez-la, Monsieur le Secrétaire, ce n'est qu'une enfant et elle aime son 'homme'. Elle a peur que vous le preniez et que les Boers l'attrapent avec vous et le traitent de traître !

L'officier du renseignement a conduit l'homme dehors pour le remettre au Tigre, lorsque ce dernier revenait de « fouiner » autour des latrines. Bien que perplexe quant à l'attitude réelle des habitants de la ferme, il avait pourtant compris quelque chose, à savoir que l'information serait envoyée aux bourgeois armés les plus proches que la colonne n'était pas à destination de Zwingelspan et qu'une force britannique avait J'étais à Zwingelspan ce matin-là. Ce dernier point était important, car la seule force qui aurait pu être en jeu était la force principale, ce qui signifiait que le général avait été au courant de son avance sur Strydenburg, tandis que la nouvelle brigade de cavalerie avait échoué dans le rendez-vous.

Les commentaires du brigadier sur les hypothèses des services de renseignement étaient courts et pittoresques. "Tout à fait. Mais je ne suis pas ici pour balayer les fausses pistes de De Wet. Le vieil homme frappera probablement une demi-douzaine d'hommes de Brand ou de Vermaas lorsqu'il atteindra Strydenburg, si mes cyclistes ne les ont pas chassés. Nous , en traversant la piste ce soir dans notre voyage vers le nord, nous pourrions rencontrer quelque chose de grave. Quoi qu'il en soit, nous aurons la satisfaction de savoir que nous jouons le jeu à chaque fois. Et cela étant, nous laisserons la vieille grosse femme nous cuisiner un dîner ce soir!" Le brigadier, qui avait évalué les mouvements de De Wet avec une prévoyance consommée, ne savait bien sûr pas que le Plumer reconstitué avait repéré la piste de la guérilla depuis Strydenburg et qu'au moment où la nouvelle brigade de cavalerie bivouaquait, il l'entraînait pratiquement vers lui. voir....

C'était, tout bien considéré, un repas très honorable que la bonne dame de Melk Kraal préparait pour le brigadier et son état-major. Mais dans des occasions comme celle-ci, les hôtes ont l'habitude de s'asseoir autour des murs de la salle à manger pendant que les invités d'honneur mangent seuls à une table au centre. Dans ce cas, les dames et les enfants de la maison bordaient les murs, s'intéressant activement au service, qui était assuré par un couple de filles Cafres. Il n'y avait pas de cours. Tout le dîner fut mis sur la table en même temps, et il se composait de mouton bouilli, coupé en morceaux et nageant dans une boue grasse ; les volailles étaient tellement bouillies que la chair avait perdu sa résistance et n'était plus qu'une simple pulpe ; un mélange de citrouille bouillie de couleur ocre, d'épis de farine bouillis et de café bouilli de la consistance de la mélasse. En fait, tout bouillait et bouillait à mort. Un repas vraiment caractéristique des Néerlandais, qui sont très carnivores dans le choix de leurs aliments, et beaucoup trop irréfléchis et paresseux pour consacrer du temps et des ennuis à une fonction aussi courante que manger. C'était le repas d'un peuple dépourvu d'imagination et de goût artistique. Néanmoins, c'était ce que la maison pouvait produire de mieux ; et comme les invités avaient pris la précaution d'apporter leur propre liqueur, cela changeait des délices en conserve du repas moderne du service actif. Le banquet s'est terminé par un incident pittoresque. L'officier de renseignement avait emporté dans sa poche une bouteille de *crème-de-menthe* . Les hôtes ont été invités à boire dans la bouteille de cognac, ce qu'ils ont fait avec le goût des experts dans l'art de boire des spiritueux purs. On a témoigné aux hôtesses la considération due à leur sexe et on leur a offert la concoction verte de menthe poivrée. Il y a peu de cette timidité dans la composition hollandaise que l'on rencontre dans la civilisation occidentale : chaque dame de la maison recevait son verre avec modestie et jetait le contenu, le versant, à la manière des buveurs de spiritueux hollandais, sans grâce. dans la bouche. La vieille Frau fit claquer ses lèvres. "Mais c'est bon", dit-elle naïvement, puis, prenant la bouteille sur la table, elle versa tout son contenu dans un verre et le vida d'une seule gorgée dans sa gorge volumineuse.

Le brigadier était à la hauteur de la situation. Levant son verre, il dit : « Madame, puis-je boire à votre santé et vous remercier pour votre hospitalité. Madame sourit doucement, nullement gênée par la sévérité de la potion qu'elle avait absorbée !...

Mais les réjouissances de bonne humeur du dîner allaient bientôt être remplacées par la dure réalité de la guerre. Le brigadier et son état-major avaient à peine fait leurs adieux à leur heureuse hôtesse et regagnaient leur bivouac que la voix d'un homme fatigué et excité se fit entendre appelant pour être dirigé vers le quartier général. C'était le capitaine des cyclistes qui était parti ce matin-là avant le lever du jour pour Strydenburg. Le visage de l'homme était une étude lorsque, s'étant jeté à l'écart de sa machine qui sonnait comme un *teuf-teuf* , il se présenta dans la tente solitaire qui, pendant les haltes, servait de quartier général de la petite colonne comme appartement d'habitation et de couchage. Dans la faible lumière d'une bougie vacillante, il semblait enveloppé dans un drap, tant était épaisse et blanche la croûte de poussière qui le recouvrait de la tête aux pieds. Il entra en titubant dans la tente mess, vacilla un instant, essaya de saluer, puis se laissa tomber en tas sur la chaise de camp qui lui était offerte.

Brigadier. "Donnez-lui du cognac."

Après une longue gorgée de bouteille d'eau-de-vie, le petit capitaine des cyclistes se rétablit suffisamment pour sourire de sa propre faiblesse.

Brigadier. "Eh bien, est-ce que tu t'es battu ? Où est ton béguin ?"

Capitaine cycliste. "Des combats – il n'y a jamais eu de tels combats dans cette guerre, ils ont été tout simplement sanglants !"

B. " Sanguinaire, mon garçon ; eh bien, es-tu le dernier survivant ? Tu me fais plutôt penser au dernier homme de l'imagination du poète. "

CC (*déprimé*) "Cela a été une journée longue, triste et terrible. Harvey de Damant est mortellement blessé, et j'ai eu un homme blessé !"

B. "Vous avez le diable. Je pensais au moins que vous aviez dû être anéanti. Où êtes-vous alors?"

CC "Perdu ou capturé, j'en ai peur. Dix-sept ont été capturés successivement au sommet d'une colline. Je n'ai pu m'en sortir que de justesse et par chance qu'il n'y avait que trois Boers au sommet de la colline."

B. (*sans inquiétude*) "Horrible aventure ! Quelle chance qu'il n'y ait pas quatre Boers ! Mais racontez-moi une histoire détaillée. Avez-vous été à Strydenburg ? avez-vous vu des membres de l'état-major de l'autre colonne ?"

Voici une paraphrase de l'histoire qui fut finalement racontée par le capitaine des cyclistes : — Les cyclistes, qui tombaient en panne sur les routes lourdes au rythme d'environ quatre par heure, maintinrent un rythme régulier jusqu'à ce qu'ils soient à environ huit kilomètres de Strydenburg . . Ici, en montant une pente raide, ils s'éloignèrent quelque peu, et dix-sept furent capturés à tour de rôle par trois bourgeois installés dans le nek sur lequel passait la pente ascendante. Le capitaine et cinq autres arrivèrent tous ensemble, et dans la bagarre, lui et trois de ses hommes réussirent à passer. Plus tard, les Boers leur tirèrent dessus juste à l'extérieur de Strydenburg, où ils pénétrèrent simultanément avec une avant-garde des guides de Damant. Les Boers qui, à l'exception de l'arrière-garde de Vermaas, étaient partis la veille vers le nord, comme le brigadier l'avait deviné, avaient détruit le bureau télégraphique, mais l'opérateur local, qui avait caché un instrument, , en attachant le fil cassé à un morceau de clôture de jardin, a pu atteindre De Aar, et en une demi-heure le message du brigadier "Effacer la ligne" retentissait à Pretoria. Tout cela s'est produit trois heures avant l'entrée dans la ville du général coopérateur. Pendant ce temps, l'avant-garde des guides de Damant, dès qu'elle apprit que la nouvelle brigade de cavalerie n'était pas sur la route, poussa pour occuper les collines de Tafelkop, à l'extérieur de la ville. Harvey a emmené les cyclistes avec lui. Et ils eurent un petit combat très vaillant, dans lequel trois des Guides, quoique grièvement blessés, résistèrent et capturèrent les cinq hommes qui les avaient blessés. En raison de sa soif de sang, il était tard dans la journée avant que le capitaine cycliste puisse retrouver le général. Cet officier avait une dépêche prête à rapporter à son propre brigadier. Le voyage de retour s'était effectué sans autre incident que celui d'une extrême fatigue, difficulté que seul le capitaine avait pu surmonter : le reste de ses cyclistes, sinon prisonniers, étaient écartés sur le veld dans les endroits où la mort avait rattrapé. leurs machines.

Or ce qui était écrit dans la dépêche qu'avait apportée l'officier cycliste n'est pas connu du chroniqueur des aventures de cette brigade. Mais il était évident qu'il n'était pas rédigé dans un langage trop amical, car le visage du brigadier était agacé alors qu'il le lisait. Après l'avoir lu, il le déchira en très petits morceaux et resta assis un moment ou deux à regarder fixement la bougie.

« Quelque chose de grave, monsieur ?

Brigadier. "Non, le vieil homme est maussade, il dit que ma désobéissance à ses ordres nous a fait perdre De Wet. Qu'il s'est lavé les mains de moi, et qu'il ne reste plus qu'à me dénoncer à une autorité supérieure. Pour être philosophique , il a quelques raisons d'être maussade s'il croit vraiment qu'il a jamais été plus proche de De Wet que ce dernier ne le souhaitait. Mais vous n'obtenez aucun retour dans une dispute avec des personnes âgées - ils ont à chaque fois le coup de fouet; alors ici , vieux monsieur Baker, sortez votre stylet et vos tablettes et écrivez les ordres de la brigade. Dans deux heures, nous marchons directement sur Hopetown. Monsieur le renseignement, tracez un itinéraire et pensez à avoir un bon guide. Tout dépendra d'une nuit comme celle-ci. sur votre guidage. " Telle est l'histoire d'une scène de transformation qui est courante lorsque les hommes font la guerre. Un camp qui dort lourdement et paisiblement à minuit aura peut-être disparu en quelques heures et se retrouvera tristement en train de travailler dans l'obscurité sur une aventure...

L'officier de renseignement avait raison de se féliciter d'avoir déjà fait tenir son guide à l'oreille par le Tigre, car c'est une grande entreprise que de convoquer des guides sur préavis seulement une heure avant minuit. Le guide lui-même n'était pas très content et imitait cet air d'imbécillité qui, dans des occasions semblables, est la forme hollandaise de résistance passive. Mais le Tigre le prit en main, l'initia à quelques vérités simples et à l'histoire de quelques exécutions imaginaires, si bien qu'il devint plus communicatif lorsqu'il se trouva au centre de l'avant-garde de douze dragons démontés, baïonnette au canon . 34] avec lequel le brigadier, lors des marches de nuit, avait l'habitude de diriger son avant-garde.

Il y a une limite aux fascinations d'une marche nocturne s'il faut en faire beaucoup, surtout si elle est entreprise sans la promesse définitive d'un combat le lendemain. Hommes et chevaux fatigués, avides de sommeil ; les cent et une irrégularités qui ne trouveraient pas leur place en plein jour. L'attente lasse que les intervalles puissent être corrigés, le problème avec l'avant-garde, la difficulté de charger les wagons de ravitaillement. L'irritabilité du chef, qui s'intensifie à mesure qu'il frappe match après match contre le cadran de sa montre. Résistance semi-mutineuse aux ordres de la part des Irréguliers ; lamentations du major de batterie, dont les chevaux sont restés accrochés depuis une demi-heure. Comme tout cela semble impossible, comme c'est déchirant ; pourtant tout finit par s'écrouler, et la grande chenille sombre, hérissée d'hommes armés comme un ours laineux, s'avance dans l'incertitude voilée de la nuit.

L'avant-garde est partie, le brigadier attend juste de voir les bagages bien partis, lorsqu'une soudaine étincelle jaillit d'une butte au-dessus du camp que le piquet nocturne tombant vient d'évacuer. Une balle vrombit bruyamment au-dessus de nous. "Martini", conjecture le brigadier. "Je me demande ce que cela signifie!" Deux minutes plus tard, une autre étincelle jaillit du même endroit, et un messager de plomb s'enterre dans un fracas et un bruit sourd, à moins de dix mètres du petit groupe d'officiers.

"Pas mal pour un tir fortuit, nous verrons s'ils vont persévérer !" Swish, vint un troisième coup de feu chantant inoffensif au-dessus de nous.

« Tireur d'élite ! dit le brigadier. "Je pendrais cette bête si je pouvais l'attraper. Regardez ici, galopez jusqu'à l'officier commandant l'arrière-garde et dites-lui d'envoyer deux gars à l'esprit vif pour traquer ce tireur d'élite. Je donnerai cinq livres si il est ramené vivant.

Le messager galopa dans l'obscurité, et tandis que le dernier wagon tournait sur la bonne voie, l'état-major galopait vers le nord en direction de la tête de la colonne, indifférent aux balles solitaires qui sifflaient par intervalles dans l'air calme de la nuit. .

Une tension considérable s'attache à la tête d'une colonne de marche nocturne, surtout lorsqu'elle traverse un pays non reconnu. Et malgré les petits manuels aux couvertures soignées, c'est plus souvent en pays non reconnu que le soldat est appelé à opérer que autrement. En conséquence, l'officier du renseignement oublia complètement l'incident du tir isolé et s'occupa d'être prêt à répondre aux nombreuses questions d'un major imaginatif commandant l'avant-garde. Cinq milles du voyage avaient peut-être été parcourus ; du moins c'est à la troisième étape que l'on fit savoir que le brigadier voulait voir l'officier de renseignement. Le brigadier avait mis pied à terre en tête de la batterie.

"Bonjour, Monsieur le Renseignement, nous avons le tireur d'élite - et il serait préférable à un très Salomon de rendre un jugement dans une affaire similaire. Frappez une allumette."

La petite flamme s'alluma et révéla à la vue étonnée de l'officier de renseignement le visage et la silhouette de la fiancée en pleurs de son guide. Il n'y avait plus aucun signe de larmes maintenant. La jeune fille se tenait debout, les mains jointes derrière le dos, la bouche fermement fermée, et regardait ses ravisseurs en face. C'était une belle silhouette, aperçue un instant dans la lumière incertaine du lucifer à l'abri du vent. *Cappie* rejetée derrière sa tête, cachant mal la richesse de ses cheveux brillants, son visage pâle et déterminé, plein de défi, et sa poitrine renversée sur laquelle pendait encore la bandoulière en cuir comme une preuve accablante. Quelle différence avec la femme molle et en pleurs de l'après-midi. Une seconde et le petit bout de pin avait brûlé.

Brigadier. "Qu'est-ce que vous en faites?"

Officier du renseignement. "Femme magnifique, entreprise damnable."

Spectateur. "Magnifique chatte !"

Prisonnier. "Vous volez mon mari, et parce que je ferais de mon mieux pour vous arrêter, lorsque les hommes avaient peur d'attaquer et vous proposaient de la nourriture à la place, vous m'insultiez. Rendez-moi mon mari et laissez-moi partir, ou si vous vouliez tirer moi, tire et finis-en.

Brigadier. "Ma chère demoiselle, personne ne vous fera de mal ni ne vous insultera. Vous récupérerez votre mari dès que nous en aurons fini avec lui. En attendant, j'ai bien peur que vous deviez rester avec nous, mais vous serez correctement Je ne peux pas me permettre de vous laisser à nouveau être aussi méchant que vous l'avez été ce soir. Remettez-la à l'officier d'approvisionnement, il fait office de grand prévôt, n'est-ce pas ? (Puis se tournant vers son état-major.) *Quel* petit Renarde ! Cela vous donne un aperçu très considérable de l'humeur de ces fidèles colons du Cap : de penser que pendant que nous dînions avec la maman de cette jeune dame, elle préparait une petite fête de tireurs d'élite, pour se venger de nous pour être entrés par effraction pendant sa lune de miel ! "...

<hr>

NOTES DE BAS DE PAGE :

[32] Méthode néerlandaise pour décrire le mari d'une femme.

[33] Maïs.

[34] La cavalerie britannique à cette période de la campagne était armée d'un fusil et d'une baïonnette.

X.
JOG-TROT.

Fidèles à cet instinct qui considère les Boers comme la race la plus insalubre revendiquant une civilisation de quelque niveau que ce soit, les squatters qui se sont installés à Hopetown comme site propice à un village ont choisi une situation aussi insalubre que celle que l'on peut trouver à la lisière du Karoo. . Dans une vallée de dimensions moyennes, le petit ensemble de cabanes qui se regroupent autour de l'église et de la mairie était niché dans les plis des collines nues et poussiéreuses, de sorte que si les pistes ne convergeaient pas vers le village avec une régularité constante, il y aurait n'y avoir aucune preuve en dehors d'un rayon étroit de son existence. Ce n'est que lorsque l'avant-garde couvrant la nouvelle brigade de cavalerie a surmonté la falaise au-dessus du hameau que l'importance temporaire de Hopetown a été prise en compte. Le creux dans lequel se trouvait le village était noirci par le transport de nombreuses colonnes, et la poussière et la fumée soulevées par les milliers d'animaux et les centaines de feux de cuisine formaient une épaisse brume qui, couvrant le village comme d'un voile, pendait à mi-chemin. entre le niveau de la vallée et le brae surplombant où l'avant-garde était arrêtée. Ce n'était pas une image invitante. La poussière et la vapeur semblaient incapables d'affronter la violence perpendiculaire du soleil de midi ; le seul mouvement perceptible à mi-distance était le miroitement de l'atmosphère, comme se tortillant sous la chaleur implacable ; tandis que le grand voile de poussière et de fumée, comme s'il avait honte de lever la tête, se développait contre les flancs des collines aux bords indécis.

Alors que nous cherchions une bouffée d'air pour soulager le fardeau de la chaleur accablante, il semblait que la vallée était une grande marmite de l' *enfer* et que Hopetown mijotait au fond.

Le brigadier se dirigea au petit galop vers l'avant-garde et, jetant les rênes à son officier, fit un bref aperçu des abords topographiques de Hopetown.

Brigadier. "Eh bien, il ne reste plus grand-chose de De Wet dans ce coin du monde. Tous les commandos [35] de la Chasse semblent s'être rassemblés ici et avoir un jour de congé. Quel trou d'endroit - idéal, non C'est un doute, du point de vue du Hollandais. Eh bien, l'odeur arrive jusqu'ici. Mais voici qu'arrive un voleur en castor rose ; nous saurons bientôt tout cela.

Un petit garçon en tenue d'état-major s'est approché au petit galop et a demandé des informations sur la colonne.

Officier d'état major. « De quelle colonne s'agit-il ?

B. « La nouvelle brigade de cavalerie ».

ALORS "Je n'ai jamais entendu parler de toi. Qui t'a dit de venir ici ? Qui te commande ?"

B. "Stable, mon novice, une question à la fois. Tu as tendance à entasser les choses, je vois, ce qui est une mauvaise habitude chez un si jeune. Je répondrai à une de tes questions, la dernière. Je commande cette chronique : et maintenant vous allez me répondre. Quelles colonnes y a-t-il à Hopetown ?"

ALORS "Désolé, monsieur, mais———"

B. "Ne vous excusez pas. Je sais que je n'ai pas l'air d'un général, mais cela ne vous aide pas à vous sortir de vos difficultés de le dire. Vous ne faites que vous y glisser de plus en plus mal; maintenant, alors, aux colonnes ?"

Donc "Knox's, Pilcher's, Plumer's et Paris's."

B. "Bien ; et quelles sont les dernières nouvelles concernant De Wet ?"

SO "Il a percé vers l'est à travers la voie ferrée ; la moitié de ses forces sont allées vers le nord et l'autre a traversé Paauwpan ou Potfontein."

B. « Qui est sur lui ? »

DONC "Je ne suis pas tout à fait sûr ; mais j'ai entendu dire que Haig, Thorneycroft, Crabbe et Henniker le suivent ou tentent de lui couper la route."

B. "Et que font quatre colonnes arrêtées ici dans ce *dortoir* ?" [36]

Alors "Ils sont tous froids."

B. "Le prix à payer pour perdre De Wet. Maintenant, jeune homme, retournez voir *votre* général, Charles Knox, je suppose, et dites-lui que la nouvelle brigade de cavalerie arrive ici, mais ne l'inquiétera pas longtemps, car il a l'ordre de partir ce soir. (*Le jeune homme salue et se dirige vers la droite, tandis que le brigadier continue vers son état-major.*) Autant faire savoir à Knox que je suis seul. Il faut que j'invente un spécial mission de Pretoria, sinon il pourrait s'emparer de moi comme le dernier individu, et l'état futur de cette colonne pourrait alors être pire que le premier.

Pendant ce temps, la brigade descendit dans le bassin insalubre qui détient Hopetown et prit temporairement ses quartiers sur la première parcelle contre l'eau dans laquelle elle pourrait enfoncer sa longue ligne de transport. Elle était coincée entre deux colonnes, et le mauvais état de chacune d'elles témoignait de la sévérité du travail auquel elles s'étaient récemment livrées. En colonnes, lorsqu'ils s'étaient lancés pour la première fois à la poursuite de De Wet, ils comptaient chacun cinq ou six cents hommes ; maintenant, peut-être, ils pouvaient compter à eux deux cinq cents hommes à cheval, tandis que sur ce nombre, pas plus d'un tiers n'était capable de parcourir une randonnée de vingt milles à un meilleur rythme qu'une marche. Pourtant chacun, trois semaines plus tôt, était reparti du chemin de fer nouvellement équipé de remontées.

Si quelqu'un est suffisamment intéressé pour chercher une raison à l'état désespéré des colonnes dans la colonie à cette époque, il pourra peut-être trouver dans l'expérience de la brigade une solution à la question de la remontée qui a tant intrigué les étudiants les plus intelligents de l'histoire. la guerre. La colonne nouvellement équipée au chemin de fer était généralement moins riche en viande de cheval et moins mobile que la force qui n'était pas à la portée du département de Remount depuis des mois. La procédure était la suivante. Le commandant de colonne eut du mal à trouver le refuge offert par le chemin de fer. A peine avait-il distribué à ses hommes et à ses chevaux une ration complète que le télégraphe commença à parler. Un bref petit ordre arriva de Pretoria : « Vous prendrez le train pour Cypher Ghat sans délai. Les trains vous arriveront à trois heures cet après-midi. En vain le commandant de colonne plaiderait-il pour le repos des hommes et des bêtes. Le décret était sorti. Toutes les protestations ont été accueillies par une seule réitération de l'ordre initial, avec peut-être l'ajout : « Des remontées vous attendront pour remplacer les victimes. » Quelle chance avaient les chevaux qui avaient été surchargés et sous-alimentés au cours des douze derniers jours ? Ceux qui pouvaient boiter étaient jetés dans des camions serrés et bloqués par du fumier, et partaient en tourbillon sur une distance allant de cinquante milles à mille. Ils recevaient de l'eau lorsque les responsables des chemins de fer jugeaient bon d'organiser l'arrêt nécessaire à l'endroit nécessaire, il n'y avait pas de repos pour eux. Mais le commandant de colonne qui était nouveau dans ce poste pouvait se vanter d'être réintégré et de commencer une nouvelle vie à destination. Vaine pensée ! Il trouva qui l'attendaient à la fin de son voyage soit les détritus de la campagne, soit des animaux qui avaient été rejetés comme inaptes au service militaire par les Boers en maraude et en poussant tour à tour le chef de colonne, et finalement récupérés par le zélé « rampant » et dûment signalé dans le « sac hebdomadaire » comme capturé à l'ennemi. Ou bien, si les déchets n'étaient pas disponibles, il se trouverait en attente d'importations absolument douces et brutes, qui avaient coûté aux contribuables 40 livres chacune quelques semaines auparavant, les unes aussi inutiles que les autres pour l'usage recherché. Le rejet par un ennemi pas trop exigeant élimine celui-là ; de l'autre, c'était une démarche aussi folle que de prendre un cheval directement sur l'herbe et de le soutenir pour vous gagner une mise à poids égaux avec des chevaux dressés. Les millions d'argent public qui sont éparpillés sans raison dans le veld sud-africain consterneraient même les financiers les plus flegmatiques. Le gaspillage dans la viande de cheval est inconcevable ; et l'homme à la lèvre supérieure raide qui refusait de comprendre qu'il faut un freinage doux pour amener les chevaux de troupe à la perfection qui leur permet de parcourir pendant six jours consécutifs trente milles par jour avec 20 pierres sur le dos, a ajouté un penny. au fardeau actuel de l'impôt sur le revenu. Le contribuable est naturellement contrarié. Il a raison. Il cherche un soulagement mental auprès de Philippics contre l'officier de cavalerie, l'homme à qui il doit tant. Il maudit son intelligence et maudit son éducation, puis, après avoir suffisamment injurié, paie allègrement, avec une lourde satisfaction, que quelqu'un a au moins été mis à sa place, et qu'une leçon si nécessaire n'a pas vraiment été si chèrement achetée. au prix. Pauvres imbéciles innocents ! Le contribuable britannique évoque ce cher gros millionnaire souriant, habitant d'un club du West End, à qui chaque jour des confrères impécunieux proposaient une partie de piquet *ou* d' *écarté* , sachant bien que c'était le moyen le plus rapide à Londres de gagner un certain revenu. 200 £. Vos commissions peuvent reposer sur le niveau d'éducation de vos officiers, sur les séquelles de votre propre folie d'achat de montures : mais votre enquête atteindra-t-elle jamais les fondations de cet édifice que vous avez condamné ? Je crois que non. Un ou deux boucs émissaires satisferont l'opinion publique britannique dans les rares occasions où elle s'élève avec une soif de sang. La volonté de payer plutôt que d'intervenir fera le reste. Et l'esprit d'apathie qui caractérise la nation, malgré les explosions occasionnelles d'indignation intéressée, empêchera une véritable révélation des faits horribles aussi longtemps que la guerre ne sera pas terminée. Une fois la paix ratifiée, l'intérêt national dans l'état présent, passé et futur de son armée sera coupé aussi brusquement et efficacement que la charge du chargeur du fusil Lee-Enfield lorsque la coupure est enfoncée, oubliant le le fait que notre prochain ennemi ne sera peut-être pas aussi miséricordieux que les Boers ; qu'il ne restera pas les bras croisés et ne récoltera aucun bénéfice de nos échecs ; que dans quelques heures une situation pourrait survenir dans laquelle aucune richesse en lingots ne pourra nous sauver. Il suffirait d'un désastre comme celui-ci – un désastre qui entraînerait avec lui l'anéantissement – pour que la nation britannique ne puisse trop tard prendre conscience de ses limites. Alors, dans son chagrin, il se souviendra que celui qu'il traitait de *fakir fou* était bien un véritable prophète.

L'état de la Nouvelle Brigade de Cavalerie, alors qu'elle se coinçait entre les deux fantômes des colonnes montées, était en soi une leçon de choses. Ceux qui ont suivi les intérêts de ce petit commandement à travers les chapitres précédents auront vu qu'il n'avait pas été appelé à faire un effort exceptionnel pour le saper de ses forces de réserve. En fait, il s'agissait simplement d'une marche et d'une contre-marche sur des voies poussiéreuses, au gré d'un officier supérieur. Pourtant, sous cet usage doux, la colonne était revenue à une base avec 25 pour cent de ses animaux inutiles et une proportion égale dont les jours d'utilité étaient comptés. La seule raison en était que les animaux n'avaient jamais été entraînés à parcourir de longues distances dans un climat éprouvant avec 20 pierres sur le dos. Les soins du brigadier ou la vigilance des officiers de l'escadron ne servaient à rien lorsque la remontada verte fut mise à l'épreuve des vingt milles. Mais vous direz : Comment, si tel est réellement le cas, fallait-il l'éviter ? Une anticipation intelligente des événements aurait dû indiquer à ceux qui ont commencé leur campagne avec l'avantage de l'échec de trois mois de leurs prédécesseurs quelles seraient les exigences approximatives d'une remontée. La nation britannique aurait soutenu les exigences de cette anticipation intelligente, non pas par milliers, mais par millions, et, ce faisant, elle aurait économisé non pas des milliers mais des millions. Si les dépôts de remontée d'origine avaient été autres que "Sibérie" pour les officiers incompétents de la ligne d'avant-poste, ou si les recommandations des officiers supérieurs de cavalerie et de remontée avaient été écoutées, nous aurions dû moins seller les chevaux bruts directement de l'avant-poste . train et bateau, - moins de la stupidité qui attendait d'eux qu'ils accomplissent un travail qui ne peut être accompli que par un système de formation et d'acclimatation graduelle et minutieuse. Il est aussi suicidaire et coûteux de mettre des chevaux verts sur le terrain que de mettre des hommes non entraînés. Pourtant, à cette époque de la guerre, nous pratiquions ces deux expédients et nous nous demandions pourquoi les Bourgeois n'étaient pas soumis et pourquoi l'impôt sur le revenu augmentait constamment.

Les histoires de gaspillage coupable et de tentatives incompétentes de trouver un moyen de se sortir de l'enchevêtrement ne sont pas intimement liées à cette histoire. Mais il ne fait aucun doute que le système en vigueur à cette époque était extrêmement vicieux. En un mot, toute la force mobile britannique en Afrique du Sud reposait directement sur les communications ferroviaires. Cela donnait à une colonne une durée de vie d'au plus douze jours, ce qui signifiait que les troupes devaient se tenir à moins de six jours de marche de la voie permanente sous peine de mourir de faim. Cela limitait la zone d'opération efficace; et tandis que nous gaspillions notre énergie et notre chair de cheval contre les pillards ennemis, le gros de leur résistance labourait calmement hors de portée des châtiments. Le convoi peut être lent et vulnérable, le poste fortifié peut être isolé et inviter à l'attaque ; mais en tant qu'expédients militaires dans un grand pays, les deux sont supérieurs à la colonne liée à la base. [37]

Le brigadier quitta le major de brigade pour installer la colonne dans ses quartiers, et emmenant l'officier du renseignement avec lui, se dirigea droit vers le centre de l'univers de Hopetown. L'hôtel et le bureau télégraphique étaient rapprochés. A l'extérieur du premier flottait un petit drapeau écarlate, dont la double pointe indiquait que l'officier général qui le arborait revendiquait le rang de division, affirmation surannée à cette époque de la guerre, où les lieutenants généraux paradaient sur le théâtre à la tête de petits paarde kommandos . [38] trois à quatre cents hommes. Le brigadier repéra le drapeau, puis se dirigea vers le bureau télégraphique. "Nous allons d'abord mettre les choses au clair avec K. Ensuite, nous consulterons cette nouvelle horreur avec l'oriflamme sur laquelle nous sommes tombés !" Trois employés fatigués, deux militaires et un civil, essayaient de faire face aux efforts télégraphiques de cinq colonnes. Le brigadier dicta son message à l'officier du renseignement. Il s'agissait d'une simple annonce d'arrivée, dupliquée à Pretoria et De Aar.

Opérateur télégraphique. "Il n'y a aucune chance qu'un câble privé passe pendant au moins quarante-huit heures ; le courrier serait plus rapide !"

Brigadier. "Alors tu n'auras qu'à dégager la ligne."

TO "Ne peut faire cela que pour les officiers généraux."

B. "C'est tout ce que je vous demande de faire, alors vous y êtes !"

À "Je vous demande pardon, monsieur ; mais êtes-vous un général ? Vous n'êtes pas comme la plupart des généraux. Oui, monsieur, c'est court et agréable. Je peux terminer cela en cinq minutes environ. Ils dégagent la ligne, bien sûr, à De Aar ; nous travaillons uniquement à De Aar. J'ai pas mal de messages pour vous, monsieur ; ils sont arrivés toute la nuit dernière. " (L'opérateur a distribué le paquet de jetsam télégraphiques.)

Les télégrammes contenaient la proportion habituelle d'absurdités hystériques de la part de l'expert De Wet et de divers centres de renseignement et départementaux ; également un ordre direct du général de De Aar de se rendre sans délai à la gare d'Orange River et de là, de prendre le train pour Jagersfontein Road dans la colonie d'Orange River. C'était au moins satisfaisant, car cela signifiait sans faute au revoir au Karoo détesté. Le télégramme d'information était intéressant à lire, bien qu'un peu indéfini dans sa formulation. À la lumière des connaissances ultérieures, les informations qu'il transmettait étaient tout à fait conformes à ce que le brigadier avait prévu. De Wet, après le sac de Strydenburg, avait doublé vers le nord et, en fait, avait presque retracé sa ligne primitive. Il avait lancé une feinte en direction de Mark's Drift et avait ainsi temporairement éloigné la poursuite de la véritable ligne, mais avait tout aussi soudainement basculé vers l'est. Ici, il avait de nouveau été frappé par l'infatigable Plumer, temporairement rénové et avec suffisamment de vapeur pour lui donner un petit sursaut. Cette poussée a suffi à priver De Wet de ses derniers obstacles, à le faire bifurquer dans sa fuite. Une partie de la populace poursuivie s'est dirigée vers le nord, se précipitant à moitié à travers le chemin de fer du gouvernement du Cap, à proximité de Paauwpan. La poussée de Plumer fut tout simplement trop courte pour produire le résultat définitif requis, et il rampa jusqu'à Hopetown pour raviver davantage son énergie. Entre-temps, des prisonniers et d'autres sources ont appris que le groupe de fugitifs tentant de traverser le fleuve Orange au nord de Hopetown appartenait au juge Hertzog et à Pretorius. Brand avait fait le passage à Mark's Drift, tandis que De Wet, avec l'ex-président, était toujours dans la colonie en direction de Philipstown. Puis l'espoir s'est élevé. Le fleuve Orange était en crue, tandis que les arrêts se faisaient devant et au sud de la guérilla harcelée. Thorneycroft et Henry dans les environs de Colesburg ; Crabbe et Henniker à ses trousses ; Grenfell, Murray et d'autres formaient un cercle de plus en plus restreint ! Rivière en crue devant, Anglais désespérés derrière, quelle chance avaient maintenant les restes des envahisseurs ! Mais le brigadier secoua la tête en marquant les positions sur la carte. "Il n'est pas fait mention de troupes venant du nord. Que dit Napoléon des rivières comme barrières de guerre ? - il les classe comme des obstacles négociables, après les déserts et les montagnes, tout en bas de l'échelle. Inondation ou pas d'inondation, mon vieux. L'homme De Wet traversera cette rivière où et quand il voudra ; et si nous n'avons personne au nord pour le récupérer ou pour le diriger pendant la traversée, il s'en sortira, et nous aurons laissé échapper une autre opportunité. par stupidité grossière et par incapacité à tirer parti des avantages très marquants que les circonstances ont mis sur notre chemin. Plumer et mes brigands arrivent à la gare d'Orange River ce soir. Même s'ils ont des camions qui nous attendent, nous ne sortirons pas de Jagersfontein . Route jusqu'à après-demain. Cela donnera au vieux monsieur De Wet vingt-quatre heures d'avance. Je dois dire que je ne vois pas la main de génie dans l'adaptation de ce plan à la carte. C'est la ligne qui Plumer et moi devrions prendre : Orange River Station, Ramah, Luckhoff, Fauresmith. L'un de nous s'arrête à Luckhoff ; Kimberley envoie une chronique à Koffyfontein ; Bloemfontein un autre à Petrusburg et Abramskraal ; tandis que Fauresmith et Jagersfontein forment des bases pour les colonnes qui leur sont envoyées de Springfontein ; et puis, avec une ligne d'avant-postes cohérente et solide, nous aurions pu arrêter sa route principale vers le nord, même s'il serait trop tard pour emprunter la rivière. Mais de toute façon, je vais essayer de les convaincre au quartier général que je suis un meilleur homme dehors que dans un camion à bestiaux. Alors voilà. Monsieur le renseignement, du papier et de l'encre et notez-le, et faites attention, il doit être chiffré ! " Le brigadier a ensuite fait une comparaison grossière entre le gain de temps qu'impliquait une marche directe sur Fauresmith depuis la gare d'Orange River et le transport par chemin de fer, fermant le message avec la promesse d'être à Fauresmith le deuxième jour après avoir quitté le chemin de fer.

Il s'agissait alors d'un carré de repas au caravansérail. La concentration de cinq colonnes avait mis à rude épreuve les capacités de la petite auberge. Tout ce qu'ils pouvaient fournir, c'était du lait et du beurre. Mais ils étaient prêts à cuisiner n'importe quelle nourriture qu'ils apportaient, donc avec un effort, il était possible d'arriver à un repas. Les animations n'ont pourtant pas manqué.

L'une des colonnes avait envoyé 300 hommes et un pompon à la poursuite des fugitifs de Hertzog, et la troupe venait de revenir avec un bon nombre de prisonniers. Ils avaient rencontré les derniers d'entre eux alors qu'ils étaient en train de traverser la rivière dans une barque branlante, dont le navire avait été scientifiquement rendu innavigable par une ceinture de coquilles à pompons bien dirigée. L'examen des buissons sur la rive proche de la rivière a montré que des dizaines de Boers étaient littéralement tombés à terre. Les abords de la rivière étaient pleins de fissures de pluie et de fissures d'eau, et les hommes passèrent toute la matinée à sortir les bourgeois de leur abri, de la même manière qu'une meute de beagles est bien utilisée pour aider les chasseurs à tirer sur un lapin caché.

Ce n'est que lorsque vous avez eu l'occasion de voir ces prisonniers que vous avez compris ce que cette guerre signifiait pour ces guérilleros paysans et l'influence que l'échec de l'invasion de De Wet a dû avoir sur les opérations ultérieures. Parmi les 200 prisonniers amenés ce jour-là, il n'y avait qu'un seul homme, celui qui se faisait appeler le secrétaire de Hertzog, qui était complètement habillé. La plupart n'avaient ni manteau ni bottes ; et leur costume restant était au dernier stade de décadence. L'homme intérieur n'avait pas non plus été mieux nourri que l'homme extérieur. Ils étaient émaciés et attirés par la faim et les difficultés. Ils sortaient de leurs trous, les mains au-dessus de la tête, tels de grands fantômes décharnés aux yeux de soucoupe. Ils étaient dans un tel état que la reddition ne leur causait aucun remords. Ils l'accueillaient comme un moyen de vivre, et leur supplication vorace pour de la nourriture n'était pas le décor le moins pathétique de la scène. Ils sont d'un étrange paradoxe, ces gens-là. On ne pouvait s'empêcher d'admirer le patriotisme - ou est-ce le pouvoir magnétique de leurs dirigeants ? - qui maintenait sur le terrain, malgré toutes les horreurs lamentables de la mort et de la souffrance, des hommes qui n'avaient qu'à se rendre pour retrouver leur part du confort. de vie. Si c'est du vrai patriotisme, alors vous avez envie de lever votre chapeau. Mais s'il ne s'agit que de la peur du knout, alors la pendaison est la meilleure fin que l'on puisse souhaiter aux dirigeants, qui sont capables de contrôler une telle souffrance, et qui, dans l'espoir d'un avancement personnel, refusent de l'alléger. Mais ce qui est plus humiliant que toute autre chose, c'est de comprendre que ces misérables créatures sont un ennemi capable de tenir en échec la fleur de l'armée anglaise, de lever un impôt de six millions par mois sur ce pays et de faire avorter une réputation militaire. construit sur des traditions inégalées. Il s'agit en effet d'une réflexion amère, d'un rappel douloureux que les progrès de la science ont placé l'athlète et l'infirme presque sur un pied d'égalité dans l'affrontement armé.

Ce fut une réunion intéressante qui consista à dîner dans la petite salle à manger pittoresque de la taverne Hopetown. Quatre commandants de colonne et leurs états-majors remplissaient les tables, qui étaient autrefois les babillards des employés de banque et des commerçants du village. Les soldats avaient cependant un certain droit à la possession temporaire, puisque les viandes leur appartenaient. Les deux petites servantes, filles d'un propriétaire hollandais, étaient conscientes de l'importance inhabituelle de leurs devoirs et s'étaient soigneusement préparées pour ce rôle. Les robes imprimées étaient supprimées et ils se tenaient vêtus de leurs robes de sabbat, recouverts du tablier-single élégant que le pays affecte et de cheveux soigneusement tressés. De petites servantes pittoresques – pourquoi les interroger ? – étaient là habillées et déterminées à faire de leur mieux. À la première table était assis un général de division d'âge moyen, un homme au visage et aux habitudes aimables. En tant que soldat, chef féroce et intrépide, ne vous souvenez-vous pas du jour où il gisait dans les broussailles de la banque Modder, la poitrine mise à nu par une balle ratissante, et refusait d'être transporté à l'hôpital, suppliant même les médecins de qu'il accomplisse l'effort fou, digne d'un maréchal Ney, qui lui avait été confié et qui faillit lui coûter la vie. Pourtant, si étrange est la nature complexe de l'Anglais, cet homme, que le souffle de la guerre pouvait éveiller à un courage presque surhumain, passait ses loisirs dans les travaux de la photographie artistique et manifestait un plaisir plus démonstratif devant une planche réussie que dans un créneau d'armes rendu doux par la victoire.

À la table voisine était assis un chef d'un autre genre, ou plutôt une évolution différente du même type de gentleman anglais tranquille et sans prétention, le vaillant, vaillant et infatigable Plumer. Petit homme de rechange, à la démarche et aux finitions délicates, mais moulé dans une argile qui n'a montré jusqu'à présent aucun défaut dans les éléments les plus bruts du soldat. Ce n'est pas un hommage négligeable à ses remarquables qualités de leader qu'il ait gagné à la fois la confiance et le dévouement des rudes Bushboys des Antipodes, avec lesquels il était associé. Mais aussi délicate et modeste que soit la coquille, c'est l'esprit qui façonne l'homme, et celui qui veut continuer à l'ombre de la bannière de Plumer doit chevaucher avec toute la ruse qu'il peut posséder pour se montrer digne de l'exemple qu'il suit. À une autre table est assis Pilcher, l'homme aux fils. Il est peut-être impétueux, mais aussi rusé à la guerre : digne représentant de la race de jeunes soldats que le Nil a engendrée. Ensuite, il y avait notre propre brigadier, aussi joyeux d'esprit et aussi léger de cœur que n'importe lequel de ses ancêtres qui jouaient les vaillants à la cour de Versailles, possédant pourtant sous le vernis de la gaieté une ténacité inébranlable, qui favorisait le cantonnement ajouté à partir de le nord de la Tweed. La pièce était pleine d'hommes – des hommes qui, depuis dix-huit mois, s'étaient engagés dans les dures réalités de la guerre. Les dirigeants qui avaient exercé l'équilibre entre la vie et la mort, les juniors qui avaient regardé mille dangers en face. Si le succès de la guerre reposait uniquement sur l'excellence des combattants, alors l'Angleterre pourrait se démarquer. Malheureusement, le succès réside dans les soldats d'affaires *et dans* les combattants. C'est dans ses soldats d'affaires que réside la faiblesse de l'Angleterre.

Ce n'est que lorsque l'intention est de faire quelque chose de désespéré que l'on peut apprécier le tempérament obstructif des autorités militaires. Le système tout entier fourmille d'épines « attendez un peu » ; et dans les rares cas où les difficultés n'existent pas, il est certain que quelque valet de bureau arrivera dans le seul but et avec l'intention de les inventer. Or, le brigadier avait présenté un plan simple et rationnel, si simple et rationnel que le lieutenant-général de De Aar avait volontiers acquiescé, car ce général était au moins un homme sur lequel ses subalternes pouvaient se tourner et être sûrs de leur soutien. Mais après le général surgit une meute de jeunes hargneux, dont la seule énergie semblait dépensée à tenter de contrecarrer les plans des autres. La brigade avait ordre de parcourir de nuit les six milles qui séparent Hopetown de Orange River Station, mais bien avant de prendre la route, l'esprit d'opposition départemental avait commencé à se faire sentir.

Vint d'abord un message « dégager la ligne » de l'officier de transport, ordonnant au brigadier de confier son transport mule à un autre commandant de colonne. Il est vrai qu'il promit de le rééquiper en mulet au lieu de son voyage en chemin de fer ; mais le brigadier avait eu l'expérience des promesses du directeur des transports. C'était un obstacle qu'il était possible d'ignorer ; mais il en suivit un autre, plus grave. Les fournisseurs semblent avoir été lésés par le bref préavis qui leur a été donné et ont soulevé une foule de difficultés. Mais le point culminant fut atteint lorsque le Département du Renseignement révéla spontanément qu'il serait inutile pour la brigade de demander des cartes, puisqu'elle n'en avait pas en Russie ; mais ils ont ajouté : « En remplacement, nous envoyons le meilleur guide local disponible. »

Le brigadier avait affronté le premier de ces obstacles avec sérénité, mais le dernier fardeau bouleversa le chargement du chameau. "Avez-vous déjà vu de tels types ? Ils sont déterminés à me contrecarrer à chaque fois. Je les ignorerai jusqu'au bout ; la seule attention sera celle de l'homme qui a l'audace de m'offrir un expert local en voleur de chevaux en remplacement d'un gros de "Les cartes méritent d'être traduites en cour martiale et effacées à vue. Vous n'avez pas besoin de télégraphier tout cela, Monsieur le Renseignement; mais vous pouvez envoyer un message au général à De Aar pour l'informer que, ayant reçu ses ordres, je vais ne négligeons aucun effort pour exécuter le plan qu'il a approuvé, malgré l'obstruction locale. Tel doit être le sens du message, et il devrait couvrir tout acte de désobéissance ultérieur que nous entreprenons. Ne répondez à aucun de ces alevins subordonnés ; nous marcherons ce soir à neuf heures jusqu'à la station de la rivière Orange, ferons une descente sur les lieux de rations sur lesquels nous pourrons mettre la main, puis, cartes ou pas de cartes, enlèverons nos casquettes jusqu'à Cape Colony. pour toujours."

<hr>

C'était tout aussi bien que le brigadier ait pris ses propres dispositions, car Plumer et Pilcher se sont réunis à Orange River cette nuit-là, et le chef de gare, avec la bonhomie née d'une longue période passée à décevoir tous ceux avec qui il est entré en contact, a informé chaque commandant de colonne, à tour de rôle, que le mieux qu'il pouvait leur promettre était un camion suffisant pour un escadron le lendemain, deux escadrons peut-être le deuxième jour, et l'ensemble des troupes à cheval commandées par chemin de fer certainement pas avant une semaine ou dix jours. Nous vous demandons simplement de faire une brève étude de cette situation. L'épisode ici relaté n'était pas une farce, loin de là : il s'agissait d'une tentative sérieuse de la part de l'armée britannique en Afrique du Sud de capturer ou de détruire un brigand réputé appelé De Wet. La possibilité d'obtenir ce résultat souhaité était certainement en vue, et l'armée britannique mettait tout en œuvre pour saisir cette occasion unique. Pour l'humble subalterne, qui n'était qu'un atome microscopique de cette immense armée britannique, cet effort herculéen ressemblait davantage à un burlesque qu'à une guerre sérieuse. Mais ce n'était rien comparé au burlesque qui allait bientôt se dérouler sur le quai de la gare d'Orange River.

À l'aube, d'autres colonnes se concentraient sur les bâtiments de la gare, jusqu'à ce que les environs inartistiques du petit centre deviennent noirs d'hommes et d'animaux. En apparence, il pourrait bien être comparé à un essaim d'abeilles en possession temporaire d'un cadre de fenêtre. Parmi les troupes qui attendaient le départ, il y avait une compagnie sauvage de coloniaux d'outre-mer, des hommes au caractère indépendant et au beau physique, qui avaient déjà fait leur année à la campagne et que la vue d'un chemin permanent et l'odeur d'une gare enchantaient. -yard évoquait des souvenirs de maisons dans un pays lointain, de transports circulant sur Table Bay, ainsi que d'une promesse qui leur avait été faite par quelqu'un, qu'ils rentreraient chez eux la prochaine fois qu'ils prendraient le chemin de fer. Leur course après De Wet avait été entreprise plutôt dans un esprit de faveur. Et maintenant qu'ils étaient de nouveau en ligne, la rumeur courait que leur camion tardif avait reçu l'ordre de les ramener à la colonie du fleuve Orange. Ils acceptèrent cette rumeur comme un abus de foi, et le sentiment était si vif au sein du contingent qu'il chevauchait et submergeait le minuscule pilier de discipline que treize mois de campagne avaient construit dans la constitution du corps. Le point culminant a été atteint le matin de la concentration à

Orange River Station. Le colonel commandant les Coloniaux d'outre-mer discutait avec notre brigadier. Nous attendions que le buffet de mauvaise qualité de la plate-forme ouvre ses portes hospitalières, quand soudain nous nous rendîmes compte que l'ensemble du contingent colonial marchait en files correctes vers la plate-forme. Un soldat à part entière était aux commandes. Il a donné ses ordres clairement. « Halte ! » – « Pile d'armes ! » – « Tenez-vous à l'écart ! » – « Tombez ! » Et puis une députation de trois personnes s'avança vers nous. Ils saluèrent leur colonel avec toute la minutie militaire et se tinrent aussi au garde-à-vous aussi raides que possible avec un irrégulier.

Colonel colonial. « Qu'est-ce que cela signifie, les hommes ?

Porte-parole. "S'il vous plaît, monsieur, nous nous sommes mutinés" (*la députation de soutien acquiesça gravement*).

CC "Vous avez le diable ! Mais réalisez-vous ce que cela signifie lorsque vous vous mutinez en service actif ?"

S. "Eh bien, vous voyez, monsieur, c'est peut-être un peu fort de dire que nous nous *sommes* mutinés. Mais vous voyez, monsieur, notre temps est écoulé et nous avons décidé de ne plus faire ce voyage. Notre dernier voyage était une faveur. On nous a promis que nous serions renvoyés chez nous la prochaine fois que nous prendrions la voie ferrée, et nous tenons cette promesse.

CC "Hommes, ne soyez pas idiots. Retournez à votre camp. Vous n'avez pas besoin de croire que la foi sera brisée avec vous. Mais pensez à l'exemple que vous donnez au reste des troupes ici ! Pensez à ce que le diront les gens à la maison ! Vous ne réalisez pas à quoi vous êtes exposé en cas de mutinerie.

S. "Eh bien, monsieur, nous ne parlons pas exactement de mutinerie. Ceci est simplement une protestation contre le fait d'être retenu ici contre notre volonté et notre accord. Vous l'accepterez, monsieur, dans l'esprit dans lequel il est donné - une protestation , Monsieur!"

CC "Très bien. Retournez à vos répliques !"

La députation salua, revint vers le contingent tombé, qui déposa gravement ses armes et retourna à ses lignes, au milieu des acclamations un peu décousues de quelques passants qui comprirent ce qui se passait.

Le brigadier se tourna vers le colonel colonial et dit : « Eh bien, c'est l'attitude la plus étrange que j'aie jamais vue adoptée par un groupe d'hommes. Vous invitent-ils souvent à ces protestations ?

CC "Parfois. Ce sont des enfants à bien des égards. Je peux vous dire qu'ils ont besoin d'être traités avec douceur. Ils ont fait leur protestation et pendant une semaine environ, ils seront tout à fait satisfaits. J'imagine même que je pourrai les faire faire. encore un voyage si les autorités insistent ; mais cela nous rend diablement difficile de traiter avec ces gars, quand la foi est si constamment brisée avec eux. Ils sont aussi silencieux que des souris lorsque je les éloigne du chemin de fer. Mais une fois qu'ils voient les métaux, ils sentent l'eau de mer, et cela les dérange. Ce sont des gars bien mais pittoresques !

Le brigadier acquiesça. Il aurait été l'homme idéal pour commander ces hommes. Et il aurait amélioré une situation comme celle à laquelle nous venions d'assister. Il serait pourtant impossible de surestimer la délicatesse de cette situation. Un homme sans tact, plein du pouvoir que de longues générations de discipline militaire ont construit autour du caractère sacré d'une commission, aurait transformé en quelques phrases courtes la scène d'une mutinerie naissante en une rébellion ouverte et intraitable. Dans l'état actuel des choses, la mutinerie fut prise dans l'esprit dans lequel elle avait été organisée et terminée à la satisfaction de tous les intéressés. [39]

La nouvelle brigade de cavalerie devint presque complète à Hopetown, car le brigadier put récupérer son dernier escadron manquant du 21st King's Dragoon Guards, qui jusqu'alors participait à la chasse De Wet avec une autre colonne. Cependant, une partie du Mount Nelson Light Horse manquait toujours ; mais le brigadier ne s'en soucia pas et se sentit complet, en prenant la précaution de donner l'ordre qu'il était sur le point de se diriger par chemin de fer vers Jagersfontein Road. Mais, comme le montre le récit des quarante-huit heures suivantes, le système militaire en vigueur en Afrique du Sud était tel que ce n'était que par miracle que les dirigeants les plus sagaces étaient capables d'obtenir un résultat exceptionnel grâce à leur stratégie. Le brigadier avait projeté d'aboutir à un résultat qui ne pouvait être obtenu qu'en dissimulant le plus rigidement le plan et la direction.

Il ne faut pas oublier que les Boers disposaient, à cette époque de la campagne, du système de renseignement le plus parfait. Il n'y avait pas un district dans la colonie du Transvaal ou de la rivière Orange qui ne soit sous le commandement d'un commandant local, qui, suivi de cinquante à cent hommes, entretenait un système de postes d'observation dans toute la longueur et la largeur de son district, et qui avait apparemment les moyens de transmettre à une organisation centrale des renseignements précoces sur les mouvements de chaque colonne britannique. Cela peut paraître à l'observateur occasionnel comme une entreprise énorme, mais en réalité il n'en est rien. Il était absolument essentiel pour la cause des Boers qu'une partie considérable de leur matériel de combat de moindre valeur soit ainsi répartie sur toute la longueur et la largeur de la zone de guérilla. En raison des grandes distances à parcourir en Afrique du Sud, chaque Néerlandais possédait une connaissance locale de son propre district qui ne pourrait jamais être acquise dans un pays aux communications rapides comme l'Angleterre. Aux hommes locaux fut attribué le réseau de collines d'observation dont le pays regorge. Ils vivaient au sommet des collines toute la journée et retournaient soit dans les fermes, soit dans d'autres lieux de sécurité pendant la nuit. Leur méthode de communication était soit par les Cafres, soit par des messagers à cheval, et de cette manière les nouvelles pouvaient voyager par relais aussi facilement et rapidement qu'elles le sont par un système similaire parmi les indigènes de l'Inde. N'importe quel Cafre fera dix milles au trot en deux heures ; par conséquent, sans grand effort, les informations boers parcouraient cent vingt milles en vingt-quatre heures. De plus, chaque femme restant dans une ferme avait la nature d'un agent de renseignement, et après que les femmes eurent été emmenées, pour la plupart vers les camps de concentration, la majorité des kraals cafres servaient le même objectif. C'est ce moyen d'information qui rendit possible la résistance boer : c'est à ce système d'espionnage que De Wet dut le succès de sa carrière de météore.

Le centre de renseignement de De Aar, incapable de fournir les cartes requises, s'est chargé de fournir « le meilleur guide local possible ». C'est principalement aux services rendus par ce guide local que De Wet doit son évasion à cette occasion particulière. Le brigadier était pleinement conscient de l'existence de l'espionnage local des Boers ; mais il faut dire avec vérité qu'il n'avait pas réalisé à quel point la *clientèle de De Wet* comprenait les hommes qui avaient la confiance de l'expert de De Wet et de la faculté de renseignement de De Aar. S'il s'en était rendu compte, il aurait été content de s'élancer, se fiant à l'instinct presque surnaturel du Tigre. En fait, au grand regret général, le Tigre a été autorisé à rompre ses liens avec la colonne, pour être remplacé par l'un des nombreux "gardiens sur la clôture" qui ont contribué pendant des mois à la prolongation de la guerre.

Les dernières informations concernant les mouvements de De Wet avaient été signalées par Haig, qui semblait penser qu'il avait encerclé l'archi-guérilla contre l'inabordable crue du fleuve Orange dans le voisinage immédiat du pont-wagon de Colesberg. . Or, comme nous l'avons déjà montré, le brigadier ne croyait pas au caractère inabordable des rivières. De plus, le fleuve Orange tombait devant nous, et d'autres informations, obtenues par un canal assez particulier, nous fournissaient les détails d'une lettre d'instructions qui avait été envoyée par De Wet, alors qu'il était à Strydenburg, à Field- cornet Botmann, commandant alors le commando local dans le district de Fauresmith, lui ordonnant de rassembler autant de chevaux et de charrettes de cap que possible, et de les tenir prêts à Philippolis afin d'accélérer son voyage (de Wet) vers le nord. S'appuyant sur ces renseignements, le brigadier résolut de se placer sur la ligne Jagersfontein-Fauresmith au moment même où De Wet s'arrêtait pour reprendre son souffle à Philippolis. Il détacherait alors la moitié de ses forces pour couvrir sa droite, face au sud, laissant à Plumer ou à d'autres troupes envoyées du chemin de fer à Jagersfontein Road le soin de couvrir et de fermer son flanc gauche. Pour contrecarrer la vigilance des postes d'observation de Botmann, le brigadier avait l'intention de se rendre à Fauresmith à marches forcées. Il fallait considérer qu'il n'y avait qu'une petite marge dans laquelle il serait possible d'arriver à Fauresmith avec avantage. Une arrivée trop tôt aurait averti et dirigé De Wet avant que la colonne détachée sur le flanc ne soit en mesure de coopérer efficacement ; tandis que le badinage sur la ligne de marche l'aurait complètement manqué. C'était une manœuvre qui n'aurait pu réussir sans un élément de chance, mais qui devait être rendue encore plus difficile par la coopération du guide local.

Dans l'état actuel des choses, l'homme n'a été mis dans la confiance du brigadier que lorsqu'il a donné l'ordre de marche à ses forces, à peine deux heures avant que la colonne ne soit destinée à prendre la route. Le guide avait rejoint le commandement avec toute la pompe et la dignité attachées à une suite de cinq serviteurs indigènes à cheval. C'était un Africander d'un type très marqué, et il commença ses relations avec l'officier de renseignement en lui faisant savoir qu'il n'était pas un guide ordinaire, qu'il ne recevait ses instructions que de l'officier commandant la colonne et qu'il rendait compte seul à lui. Le brigadier sourit de son pédantisme, remarquant que s'il faisait son travail, peu importait à qui et par qui il faisait ses rapports.

Afin de faciliter les premiers mouvements de la brigade, elle avait traversé le pont ferroviaire désormais historique d'Orange River et avait campé dans le district d'Herbert, avec l'annonce que Kimberley était sa destination. Par mesure de précaution, le brigadier avait établi un avant-poste fort dans la région vallonnée couvrant la route de Ramah. Peu après minuit, l'officier du renseignement fut envoyé vers cet avant-poste avec les dernières instructions. Alors qu'il trébuchait parmi les rochers, il aperçut, dans la faible lumière que diffusait la jeune lune, un indigène à cheval se déplaçant le long d'une piste au-dessous de lui. L'indigène serait resté méconnu, tant la distance était considérable, si son cheval n'avait pas été un pie aux marques particulières. L'indigène à cheval « avait les jambes » de l'officier du renseignement ; mais alors qu'il disparaissait dans l'ombre de la nuit, les appréhensions de l'officier du renseignement furent apaisées en entendant l'homme interpellé par un piquet depuis l'avant-poste. Au bout de cinq minutes, l'officier du renseignement atteignit le piquet et constata que l'indigène avait disparu, et le caporal responsable déclara que l'homme avait montré un laissez-passer signé par l'officier du renseignement de la station Orange River. Cela ne semblait guère satisfaisant ; mais le caporal, comme tant de jeunes sous-officiers britanniques, n'avait reçu aucune instruction concernant les éclaireurs et les laissez-passer indigènes, et n'étant pas formé pour prendre sur lui la responsabilité de précaution, il avait été dûment effrayé et contraint par le gribouillage d'un hiéroglyphe sur un reste. de papier bleu.

L'officier des renseignements considéra toute l'affaire avec beaucoup de méfiance et, lorsqu'il revint au bivouac du quartier général, il se dirigea vers l' *entourage du nouveau guide* et s'enquit de ses « garçons » et de ses animaux. L'un des cinq "garçons" manquait, ainsi qu'un poney pie qui avait attiré son attention plus tôt dans la journée. L'officier du renseignement garda le silence, mais, armé de ces informations, résolut à surveiller les développements futurs et se jeta sur le bord de la route pour dormir une demi-heure avant de commencer la marche en avant.

Le brigadier avait l'intention de s'emparer de Luckhoff, petit hameau situé à mi-chemin entre la rivière Orange et Fauresmith, ce matin-là par un *coup de main* . Pour ce faire, il détacha la moitié de ses forces sans bagages, sous le commandement du colonel du 21, pour se déplacer aussi rapidement que les circonstances le permettraient, et occuper et tenir la ville jusqu'à ce qu'il arrive lui-même avec le corps principal plus tard dans la journée. Le guide nouvellement acquis a été détaillé pour accompagner la colonne avancée. À neuf heures du matin, cette colonne avancée était en mesure de fondre sur le petit canton des Prairies. Le colonel du 21e, connaissant bien la tactique la plus propre à surprendre un village en plaine, étendit un escadron en forme de corne et galopa, comme il l'imaginait, à la surprise des habitants. La suite était très différente de ce qui était attendu. À l'exception des femmes, le village était désert, tandis que depuis les hauteurs et les collines au nord-est, un groupe entièrement préparé du commando de Botmann ouvrait un feu nourri de fusil sur les cavaliers qui avaient été détachés pour occuper les approches les plus éloignées. Notre guide du renseignement, qui avait disparu d'une manière ou d'une autre au cours de la progression ultérieure de l'avancée, fut immédiatement visible dès l'entrée dans la ville. Il se dirigea tout droit vers un petit magasin qui ornait la rue principale. En fin de compte, cela prouva qu'il était le propriétaire de ce magasin.

Le premier commentaire du lecteur intelligent sera que l'action du guide a été maladroite, tant dans la conception que dans l'exécution, et qu'une chronique ainsi trompée mérite de rencontrer un mauvais succès. L'action du guide était sans aucun doute maladroite, mais il ne faut pas oublier qu'il avait une longue expérience des Britanniques : il savait aussi bien que tout autre homme de même calibre en Afrique du Sud jusqu'où il pouvait se permettre de jouer avec leur indulgence. En ce qui concerne l'état-major de la Nouvelle Brigade de Cavalerie, une fois le guide admis dans la confiance du général, la possibilité de vérifier ses futures machinations était hors de leur portée. La faute en était à ceux qui lui avaient donné ses lettres de créance. Pourtant, il n'y avait aucune preuve contre l'homme : il admettait que le magasin lui appartenait, il avouait qu'il avait envoyé un de ses indigènes en tête de la colonne, prétendait qu'il avait la permission d'utiliser ainsi l'indigène qui, nous assurait-il , était l'un des éclaireurs les plus fiables et les plus fidèles des Britanniques. Pour quelle raison l'avait-il envoyé ? La réponse était assez simple. Il l'avait seulement envoyé avec un message à l'homme qui s'occupait de son magasin, avec l'ordre de ne pas l'ouvrir après le lever du jour, de peur qu'il ne soit pillé aussi bien par les amis que par les ennemis. Il était dommage, comme cela s'est avéré par la suite, que nous n'ayons pas réussi à lui faire produire ce garçon fidèle.

La seule remarque en guise de commentaire faite par le brigadier était du genre : « On n'apprend que par l'expérience ». Il a refusé, et sans doute à juste titre, d'accéder aux souhaits de ses collègues selon lesquels l'homme devait être exécuté d'emblée. Il promit de le renvoyer à la colonie du Cap, où, sans aucun doute, il donnerait une explication satisfaisante et retrouverait une position de confiance et d'honneur dans le service britannique.

Les gens en Angleterre, et ceux qui ont eu l'expérience de cette campagne extraordinaire, ne se rendront jamais compte à quel point l'armée britannique en Afrique du Sud a placé sa confiance dans des fripons et des scélérats. Pour un homme qui aurait pu être abattu ou pendu, il y en aura une centaine qui auront gagné la confiance des Britanniques pour la trahir soit pour leur propre usage, soit pour celui de l'ennemi. Personne ne pourra jamais connaître ni évaluer l'étendue de la fourberie qui a surgi, prospéré et grossi au cours de cette guerre de longue durée. Et quel terrain pour les objets tranchants et les fripons ! Le contrôle de tout le pays n'était-il pas entre les mains d'officiers anglais honnêtes et honnêtes, des hommes dont la parole était leur lien et qui ne pensaient jamais à se méfier de leurs semblables, jusqu'à ce que leurs semblables leur imposent ouvertement leurs iniquités ? . Croyez-moi, sous la Croix du Sud, ce ne sont pas les Hollandais qui sont vils.

Mais même si nous ne pouvions espérer maintenant tomber sur l'archi-guérilla avec tout le poids de la première surprise, la nature de la situation dans laquelle il s'était trouvé engagé au cours des trois dernières semaines son théâtre et ses ressources étaient nécessairement limités. La situation présentait pourtant des possibilités, et le brigadier décida de rester plus longtemps à Luckhoff qu'il ne l'avait initialement prévu, envoyant une patrouille pour reconnaître le fleuve Orange. Cette patrouille a rencontré un certain succès. Elle était commandée par le même subalterne pessimiste qui avait commandé l'avant-garde depuis Richmond Road. Encore une fois, ce fut sa chance d'accompagner l'officier du renseignement dans une quête d'informations. Il y avait quinze milles à parcourir jusqu'à la partie la plus proche de la rivière ; par conséquent, il était tard dans l'après-midi lorsque la patrouille entra dans les étendues de pays vallonnées qui couvraient les abords immédiats du ruisseau jaune. Alors que l'avant-garde du groupe surmontait un petit nek, ils se jetèrent sur un groupe de cinq bourgeois. Les dragons britanniques avaient l'avantage, car les bourgeois venaient justement de sortir du fleuve, qu'ils avaient traversé à l'aide de radeaux fabriqués avec du bois flotté et des joncs. Pas un coup de feu n'a été tiré, et les hommes ont rendu volontiers les deux seuls fusils qui leur restaient.

L'un des traits les plus curieux du caractère bourgeois s'est manifesté dans la manière de sa capitulation. Il vous dira toujours qu'il est heureux de se rendre, que c'est une fin qu'il désire et pour laquelle il prie depuis des mois, et pourtant, jusqu'au moment précis qui nécessite sa reddition, il mettra tous ses nerfs à rude épreuve pour éviter d'être capturé, subira toutes les privations et épreuves; endurer la faim, la soif, la maladie et l'infirmité, plutôt que de parcourir les quelques kilomètres qui le séparent des avant-postes britanniques. Prenons le cas de ces hommes qui venaient d'être capturés : après une campagne des plus harcelantes, ils avaient pris le risque et la peine de traverser une rivière rapide en pleine crue ; après avoir traversé au péril de leur vie, ils saluèrent l'arrivée de la patrouille ennemie qui les privait de leur liberté, et loin d'exprimer du ressentiment, profitèrent de l'occasion pour se rendre, dans une attitude qui dissimulait mal leur empressement.

En plus, ils étaient bavards. Ils avaient traversé la voie ferrée à Paauwpan avec le reste du commando fugitif de De Wet. Dans les environs de Philipstown, la guérilla avait ordonné le démantèlement général de l'ensemble de son commando restant. En certains points du fleuve Orange, on disait que des bateaux étaient cachés pour effectuer une traversée. Mais ce groupe, n'ayant pu trouver aucun de ces bateaux, et ayant été attaqué par diverses patrouilles de colonnes de poursuite, avait effectué le passage du fleuve à sa manière originale, mais pour tomber entre nos mains. Pour De Wet et le président Steyn, ces hommes prétendaient pouvoir parler avec autorité. Réduits à une seule charrette du Cap, ils avaient décidé de traverser à Botha's Drift. Leur traversée devait être couverte par un commando rassemblé par Botmann à Philippolis, et eux-mêmes, comme tous les bourgeois dispersés, avaient l'ordre de se concentrer dans les quatre jours à Philippolis, où les attendraient des ravitaillements, des chevaux et des munitions. Tout cela, comme cela coïncidait avec des connaissances antérieures, constituait une information précieuse, et la patrouille se dépêcha de faire le voyage de retour à Luckhoff.

NOTES DE BAS DE PAGE :

[35] Terme plaisant emprunté au néerlandais pour désigner les petites colonnes britanniques.

[36] Village hollandais.

[37] Il est intéressant de noter que ce raisonnement a finalement été appliqué à la direction des opérations en Afrique du Sud. Après pratiquement un an de tâtonnements insatisfaisants mentionnés dans le texte, la conception du système de blockhaus a permis aux troupes à cheval d'opérer loin dans l'intérieur vital du pays sans retourner au chemin de fer. Il faut comprendre que l'usage principal de la ligne de blockhaus n'était pas de tendre de point en point des *chevaux de frise infranchissables* , mais de fournir une série de postes qui assuraient la sécurité des convois qui suivaient leur marche. De cette manière, il était possible de maintenir des colonnes en activité à l'intérieur, approvisionnées en nourriture et en fourrage. À tel point que vers la fin, de nombreuses colonnes n'étaient plus à proximité d'une ville ou d'une voie ferrée depuis des semaines. La conception des « campagnes », qui ont finalement porté le mouvement pacifiste à son paroxysme, était une réflexion secondaire, généralement attribuée en Afrique du Sud à la sagacité de ce jeune chef de cavalerie intrépide et polyvalent, le colonel Mike Rimington.

[38] Colonnes montées hollandaises.

[39] Ce même contingent a continué à servir avec distinction pendant une période assez considérable après le petit épisode raconté ci-dessus.

XI.
PLEUR PLEUR.

Luckhoff, dans des circonstances normales, a peu de choses qui le distinguent des nombreux villages ruraux disséminés dans le veld sud-africain. Au contraire, c'est plus sordide que la plupart des hameaux de quatrième ordre. Mais lorsque la Nouvelle Brigade de Cavalerie s'y installa, c'était un village plus ou moins désert et pillé. Les habitants pouvaient avoir au total une centaine d'âmes, dont la grande majorité étaient des femmes et des enfants ; et nous n'aurions pas trouvé ces objets en notre possession si notre guide des renseignements avait pu prévenir plus tôt notre arrivée. Comme c'est le cas pour tous ces hameaux, les habitants qui avaient échappé aux griffes des colonnes « éclaircissantes » possédaient des *caches* dans les environs, où ils se cachaient dès que les nuages de poussière à l'horizon les avertissaient. de l'approche rapprochée d'une colonne britannique. De nombreuses colonnes avaient déjà « traversé » Luckhoff, depuis Clements au début jusqu'à Settle, se déplaçant dans une magnificence majestueuse avec des milliers de bétail et des centaines de femmes au printemps précédent. Chaque maraudeur avait laissé à son tour une sorte de marque, mais aucun n'avait laissé un squelette aussi nu ni imprimé aussi clairement l'empreinte d'une guerre horrible qu'une colonne de bushmen de quelqu'un. Le brigadier avait planté son petit fanion rouge devant la villa du Predikant en fuite. C'était la seule maison du lieu qui avait la moindre prétention à une finition décorative. Mais quand le personnel en a pris possession, c'était une triste porcherie. Dans ses jours heureux, une partie de la maison appartenait manifestement à une jeune mère, car deux des appartements étaient jusqu'aux genoux dans un tas désordonné de vêtements féminins, mêlés aux minuscules vêtements que les mères rangent - petites chaussettes et bonnets noués de rose et de bleu. La main impitoyable de l'homme avait saccagé chaque tiroir et chaque fente, et tout ce qui appelle les soins sacrés des femmes gisait ballotté et renversé dans la saleté du sol et des passages. Pour ceux qui ont eu le temps de réfléchir, un spectacle triste et déchirant, une preuve pitoyable de l'influence dégradante de la guerre. Au cours de la première année de lutte, aucun homme dans l'armée britannique n'aurait poussé une femme à l'écart pour saccager les coins sacrés de sa chambre. Mais l'influence brutale de la guerre, au fil du temps, a émoussé les instincts les plus subtils. Comment pourrait-il en être autrement? Plus une lutte se prolonge, plus elle devient féroce et bestiale, jusqu'à ce qu'enfin la familiarité avec l'arbitrage final de la bête amortisse les meilleures influences du raisonnement humain. En voyant partout la ruine de ces maisons, dont beaucoup témoignaient d'un raffinement né de la richesse et de l'éducation, on ressentait de la pitié et maudissait les dirigeants qui, dans leur esprit de patriotisme de fer-blanc, avaient poussé à la lutte. , déjà désespérée, à son issue la plus barbare.

Le pillage n'était pas autorisé. C'est vrai, mais comment l'empêcher ? Où peut-on tracer la limite entre la réquisition légitime en temps de guerre et le pillage brutal ? Pouvez-vous punir les hommes qui vous ont suivi le matin sans broncher devant la mort, car le soir vous les trouvez en train de chercher dans une maison déserte un "foulard, une ceinture ou une chaussette de bébé à envoyer en souvenir au une mère ou un amoureux qui attend patiemment à la maison ? N'y a-t-il pas une certaine atténuation pour l'homme dont le « copain » a été pris en embuscade et massacré, lorsqu'il place joyeusement une allumette dans l'étable ou la demeure du meurtrier ? Mettez-vous à la place du combattant avant d'envisager des actions qui sont inséparables de la guerre de partisans, et gardez à l'esprit que si les chefs de l'ennemi avaient capitulé alors qu'il était devenu évident qu'ils étaient un peuple vaincu, il n'y aurait pas eu de guerre. une dîme de la brutalité et des souffrances qui ont marqué les phases finales de la lutte. L'histoire du Predikant était étrange. Lui-même un incendiaire des plus dangereux, il avait prêché un *jehad anti-britannique* avec toute la force de sa rhétorique ecclésiastique. Pourtant ses trois fils étaient d'une autre argile. L'un d'eux, un fidèle soldat de Thorneycroft, était mort en soldat sur le sommet balayé par les obus de Spion Kop ; un autre, un athlète de grande valeur, avait servi dans la garde du corps de Lord Robert ; tandis que le troisième combattait encore contre les gens de son espèce en tant qu'officier dans un autre corps britannique. Les deux filles, toutes deux mariées à *Veldt Kornets*, étaient peut-être déjà veuves, car l'ironie du sort est infinie, à cause des fusils de leurs frères.

Nous avons trouvé un Britannique à Luckhoff, et c'était un Écossais. Son histoire était plausible ; mais bien qu'il ait satisfait d'autres commandants de colonne, il n'a pas trouvé la même crédibilité auprès de notre brigadier. Selon la déclaration de l'homme, il était neutre. Était neutre depuis le début de la guerre. Il était ingénieur dans les mines de Koffyfontein et, depuis la fermeture de celles-ci, il était venu à Luckhoff et vivait du maraîchage. Deux circonstances conspirèrent contre le maintien de la liberté de ce soi-disant Écossais. La première était le fait qu'il citait notre guide du renseignement comme référence pour sa bonne conduite ; la seconde, que nous avions trouvé un moulin à farine à vapeur en activité dans les environs, et que des preuves circonstancielles indiquaient que notre maraîcher était le *mécanicien* en charge. Ceci étant donné comme la véritable raison de sa présence dans le hameau, il n'était pas nécessaire de poursuivre son séjour, puisque nous avions fermé la soupape de sécurité jusqu'à ce que la chaudière éclate et détruit le mécanisme de la machine. Les moulins à farine, même exploités par des maraîchers d'une neutralité douteuse, peuvent rendre service à un ennemi affamé.

Le brigadier résolut de s'arrêter un peu à Luckhoff pour se procurer, si possible, des renseignements plus précis. Vers midi, cette information arriva, par les voies ordinaires et extraordinaires. Tandis que le quartier général déjeunait, un messager à cheval arriva du fleuve Orange, un petit Hottentot ou Griqua de rechange, qui pesait environ cinq pierres, et qui avait été monté sur un cheval et chargé de parcourir quinze milles à l'heure jusqu'à ce qu'il nous trouve. Le message qu'il apportait était en fait une confirmation des informations que nous avions déjà glanées auprès de nos prisonniers de la veille au soir. "De Wet, et avec lui le Président", disait le message, "a traversé le fleuve Orange à Botha's Drift à trois heures aujourd'hui (hier). Par erreur, un espace dans le cercle l'a laissé passer. Traversé sans moyen de transport et avec le plus petit suivant. Il ira probablement vers le nord. Plumer ne peut quitter Springfontein que tôt après-demain (demain). Il doit vous laisser agir exactement comme vous le pensez. Coopérez si possible avec Plumer !"

Brigadier. "Vraisemblablement, il ira vers le nord ! Eh bien, c'est l'expression d'opinion la plus naïve que j'ai jamais entendue. Un homme traverse la rive sud d'une rivière vers le nord, et par un effort extrême, nos amis des renseignements sont capables de conjecturer qu'il ira vers le nord. Il a certainement le champ du nord ouvert à lui. C'est digne des fiches d'information émises par notre ami le DAAG pour le renseignement à Bloemfontein pour la conduite des colonnes dans ses districts : "Tout dans cette vitrine six pence un demi-penny, faites votre choix à chaque fois. Comme d'habitude, nous devrons trouver notre propre salut. Monsieur le Renseignement, la carte!"

La carte fut dûment étalée sur le tableau d'acajou du révérend Predikant et, à l'aide d'un bout de papier, les distances furent mesurées. Le brigadier se rassit sur sa chaise, tirant méditativement sur le tuyau courbé de sa pipe Boer. La mesure terminée, il resta silencieux un moment puis donna son opinion sur la situation.

Brigadier. "Ils n'ont évidemment personne qui opère depuis Bloemfontein, sinon ils ne citeraient pas Plumer. Il est tout aussi évident que De Wet a traversé la rivière à un endroit où il n'est pas vraiment pratique pour aucun des brigands de notre colonie de le poursuivre. Cela c'est-à-dire que nous sommes leur seul espoir et la seule personne mobile à leur portée. De Wet a traversé le fleuve Orange hier après-midi, donc, selon nos informations, il aurait dû dormir à Philippolis la nuit dernière. En règle générale, De Wet ne dort jamais dans le même lieu deux nuits consécutives. Mais son arrivée à Philippolis s'est déroulée dans des circonstances assez particulières. Il n'est pas arrivé comme un bretteur à succès levant son chapeau avec tous ses plans faits, mais comme un fugitif délavé avec tous ses plans à faire. c'est qu'il n'aura pas été très loin en partant de Philippolis ce soir. Il ne partira probablement pas avant demain matin. Il sait que sa droite est claire. Il savait hier soir ou tôt ce matin que nous étions arrivés à Luckhoff. Il saura par là que nous nous sommes arrêtés ce matin et que la rivière Riet est en crue. Il est donc clair que lui, nous prenant pour un commando britannique moyen, peut quitter Philippolis demain à l'aube, traverser le Riet et détruire le pont de Kalabas derrière lui sans inconvénient de notre part. C'est du moins la lecture de la carte de ce pique-nique. Il y a à peine cinquante milles de Philippolis à Fauresmith ; nous sommes à trente milles de Fauresmith. Un commando britannique arrêté aujourd'hui n'atteindrait Fauresmith que demain soir ; un boer *paarde kommando* aura parcouru cinquante milles au moment où l'un de nos « chenilles » s'étend pour le petit-déjeuner. Maintenant, vieux Baker, donne les ordres. Pour information du public, nous marchons à quatre heures vers Koffyfontein et Kimberley, en allant très lentement ; pour information privée, dès la nuit tombée nous changerons de direction et serons en possession de Fauresmith le plus tôt possible après le lever du jour. Celui qui possède Fauresmith sera en possession du pont sur la rivière Riet. Monsieur le Renseignement, il vous appartiendra de faire suffisamment savoir dans cette métropole que notre destination est Koffyfontein pour Kimberley. Ne les rendez pas méfiants en étant trop catégorique à ce sujet. »

Major de brigade. — Très bien, monsieur ; mais il nous faudra parcourir au moins quarante milles !

B. « C'est vrai pour vous ; quelles sont les chances ? »

B.-M. "Seulement le transport de bœufs. Il ne peut pas atteindre Fauresmith à l'aube, en marchant la nuit. Il n'y a rien qui ressemble à une lune - en fait, il va faire diablement noir avec tous ces nuages autour."

B. "C'est encore vrai : mais nous éviterons tout cela. Dès que nous aurons changé de direction vers notre vraie ligne, nous laisserons le transport avancer tant bien que mal : il pourra nous suivre jusqu'à Fauresmith."

B.-M. "Quelle escorte dois-je lui donner ?"

B. "Combien y a-t-il d'hommes démontés ? Il peut y avoir autant d'infirmes que nous en possédons. Je ne vais pas m'inquiéter du transport. Si je me trompe dans mes calculs et que De Wet tente de passer derrière moi, je veux ce transport. pour le tromper. Il ne rêverait jamais qu'il soit sans protection. Il ne peut être en aucune force; en outre, j'aurai besoin de tous les hommes à cheval que j'ai pour mon projet. Le transport, bœuf et mulet, doit tenter sa chance. Mais veillez à ce que il ne traîne pas. Le mulet peut nous suivre le plus longtemps possible, mais il doit rester ensemble. De même, le transport des bœufs, prenant son temps, doit rester fermé. Je vous assure que le seul objet de ces gens sur ce voyage sera pour s'enfuir. Deux blocs de wagons en mouvement les mystifieront, pas les attireront. Tout de suite, - pas un mot sur le changement de direction avant la tombée de la nuit - pas même aux commandants. Racontez-leur n'importe quelle histoire que vous voulez. "

L'officier des renseignements était à peine sorti qu'un indigène, grand et même beau, attira son attention en soulevant son chapeau cabossé et en murmurant « kos ». L'homme, un magnifique spécimen du sauvage Basuto, frémissait d'émotion et désignait une grande marque gris-blanc qui apparaissait sur son cou et sa poitrine ouverte.

Officier du renseignement. « Sjambok ? »

Basouto. "Ouais, patron !"

IO "Comment en êtes-vous arrivé là ?"

L'indigène, qui était d'une intelligence supérieure à la moyenne, raconta alors l'histoire étonnante suivante. Il était l'un des cinq éclaireurs indigènes employés par le nouveau guide du renseignement. Le matin où la nouvelle brigade de cavalerie avait quitté la gare d'Orange River, notre ami l'avait envoyé avec une lettre au commandant Botmann et, constatant qu'il n'était pas à Luckhoff, le Basuto avait prévenu le landrost par intérim [40] de cette situation . l'approche des Britanniques, puis il s'était rendu à Philippolis et s'y trouvait lorsque De Wet et Steyn arrivèrent ; et dans le langage vraiment expressif de l'indigène, il raconta leur découragement et le caractère décourageant du discours que l'ex-président avait prononcé devant les bourgeois assemblés. Il a également fourni des informations précieuses selon lesquelles De Wet avait donné des instructions selon lesquelles tous les bourgeois égarés et les commandos de Brand, Wessel, Akermann et Kolbe devaient se concentrer avec lui à Petrusberg, où il se rendait le lendemain avec sa garde du corps personnelle sous Theron. Comme le brigadier l'avait prévu, De Wet s'arrêtait une journée pour permettre à ses retardataires de se concentrer. En tout, il aurait environ 300 hommes et quarante charrettes du Cap. Mais à Petrusberg, ils se concentreraient vers 12 heures ou 15 heures. Le Basuto était passé de Philippolis cette nuit-là et était revenu à Luckhoff il y a seulement une demi-heure. Le coup qui fut responsable de cette révélation de la perfidie de son maître et des plans boers fut dû à un cheval favori. Afin d'assurer la bonne transmission de son message, et ne pas rêver qu'il irait jusqu'à Philippolis, le guide des renseignements avait monté le Basuto sur son meilleur cheval. Ce meilleur cheval avait attiré l'attention d'un bourgeois Winburg à Philippolis, et il en avait délivré le Basuto, le laissant se frayer un chemin vers quelque épouvantail. *Hinc illæ lacrymæ* .

L'officier des renseignements a apaisé la mauvaise volonté du Basuto avec des promesses honnêtes et lui a fait comprendre que s'il retournait auprès de son maître et souffrait en silence pendant une courte période de plus, il serait largement récompensé. Mais, dit le digne sauvage, "c'est un méchant homme

- toujours un méchant homme, qui le dit toujours à d--d Néerlandais. Patron, donnez-moi une arme, ne le dites plus aux Néerlandais!" L'officier des renseignements a apaisé l'homme en lui promettant une exécution prochaine, puis s'est rendu chez le brigadier avec l'information et un sérieux complot contre la vie du guide. Cependant, les preuves n'étaient pas suffisamment concluantes pour le brigadier. "Quelle preuve avez-vous que tout cela n'est pas une plante de la part de votre ami, Monsieur le Renseignement ? D'ailleurs, je ne pendrais jamais un homme blanc sur le témoignage d'un noir. Je suis mauvais au jeu du "casquette noire", mais je vais vous dire ce que je ferai. Je ne veux plus de ce guide ; dites-lui que nous allons à Kimberley, et qu'il peut retourner tout de suite à Orange River ; écrivez une lettre au De Aar. Intelligence Coves, et dites-leur que nous sommes à destination de Kimberley, scellez-le lourdement avec de la cire à cacheter, et ensuite, si votre « copain » est le bandit que vous représentez, il le lira et l'enverra à De Wet ce soir. " S'il n'est pas un fripon, il le livrera demain soir, lorsque nous serons hors de portée des gens de De Aar, et le mensonge n'aura pas d'importance. " Et c'est ainsi que cela a été arrangé....

Il a été souligné plus haut dans ce récit combien de fois De Wet a dû sa liberté, et incidemment sa vie, au penchant de la loi du hasard en sa faveur. À de nombreuses reprises, une séquence de circonstances extraordinaires a conspiré pour faire échouer les plans les mieux conçus qui avaient été élaborés pour l'emmêler. Il ne s'agit pas de nier que cet homme possédât un génie particulier qui le délivrait constamment à lui seul des dangers auxquels il était exposé. Mais au-delà de cela, il y eut des cas, pas aussi rares qu'on pourrait le croire, où son génie lui fit défaut, et c'est dans ces occasions que la Providence intervint et fournissa un équilibre contre lequel il était impossible à l'effort humain de prévaloir. On ne soutiendra jamais que, dans le cas présent, le brigadier ait deviné un plan infaillible. Mais, comme on le verra, le jeu des circonstances s'accordait tellement avec l'appréciation de la situation par le brigadier que, même si aucune occasion certaine n'était prévue d'attraper le grand guérillero dans son lit, il y avait pourtant toutes les promesses qu'il serait forcé de jouer un rôle. main avec les cartes contre lui, une circonstance qu'aucun Boer, pas même De Wet, n'aimait ou ne comprenait. Une telle opportunité s'était présentée auparavant, lorsqu'une influence majeure était intervenue et avait empêché la nouvelle brigade de cavalerie de tomber sur Strydenburg. Dans le cas présent, l'intervention devait être faite par les éléments, et même alors, l'énergie et l'esprit du soldat compétent qui commandait ont amené la brigade à un as d'un succès qui aurait rendu tous les intéressés célèbres dans l'histoire de cette guerre. guerre.

A quatre heures, l'avant-garde s'ouvre sur la plaine au nord de Luckhoff et attire le feu du poste d'observation sur les collines que traverse la piste de Koffyfontein. Il n'aurait pas été nécessaire de mettre en garde l'avant-garde contre la lenteur ; et le corps principal continuait sa route, pendant que les officiers commandants se demandaient si le brigadier était fou ou ivre pour se lancer dans une marche nocturne de ce genre alors que son objectif était seulement d'arriver à Kimberley. Les bonnes dames de Luckhoff regardèrent le dernier convoi disparaître par-dessus le nek dans l'obscurité de la nuit tombante, puis envoyèrent leurs fils ou cafres de huit ans rappeler ceux de leurs hommes qui se cachaient dans les caches *voisines* . tandis que le poste d'observation envoyait un galopeur au point suivant, afin que la nouvelle puisse être brevetée que la colonne avait pris la route de Kimberley. Au coucher du soleil, la tête de la colonne avait parcouru environ six milles et une halte fut ordonnée pour permettre aux bagages de se refermer. Dès qu'il fit suffisamment sombre, le changement de direction fut effectué, et la tête de la colonne quitta la route et s'enfonça dans le veld sans piste, étant estimé qu'une boussole orientée plein est l'amènerait à l'aube à portée facile du parallélogramme. des collines dans lesquelles se trouvent Fauresmith et Jagersfontein. Mais la faveur de la Providence lui fut retirée : la nuit, née dans une chaleur suffocante, se changea soudain en un froid perçant, et de grands zigzags d'éclairs blancs, s'agrippant au ciel comme les griffes de quelque dragon gigantesque, annonçaient une tempête d'une fureur inaccoutumée. . Et bientôt, elle fut précédée d'une tempête de sable aveuglante, qui témoignait à quel point la surface brûlée de la prairie avait soif d'humidité. Cette nuit-là, il but à satiété, car lorsque les écluses éclatèrent, un véritable déluge se déchaîna sur la terre. La grande tempête s'est déchargée de son fardeau dans de tels fleuves d'eau qu'en un instant, malgré l'imperméabilité et la peau cirée, chaque homme de la force était aussi trempé que s'il avait plongé dans un ruisseau. Il ne s'agissait pas non plus d'une chute passagère et temporaire. Il a inondé en flots ininterrompus pendant près d'une heure. Automatiquement, toute l'armée s'est arrêtée : contrôlée, débraillée et misérable, elle s'est démarquée. Avancer était impossible ; chaque dépression du veld était une nappe d'eau, profonde par endroits de plusieurs centimètres. La croûte terrestre entière était devenue un marécage gluant et détrempé, et dans cette fange la colonne gisait enlisée et impuissante. Les canons et les wagons s'enfoncèrent jusqu'aux essieux, leur alignement ivre prouvant que pour le moment ils étaient immobiles. Chevaux, mulets et bœufs luttaient et pataugeaient pour prendre pied, s'enfonçant dans des sanglots terrorisés et des gémissements de détresse jusqu'à ce que leur ventre soit au niveau de la neige fondante. Une scène hideuse !

L'homme ne pouvait rien faire : jusqu'à ce que le drainage naturel de la plaine et le substrat desséché absorbent l'humidité superflue, la brigade était aussi impuissante qu'un bateau à vapeur dont l'arbre à vis est cassé. Heureusement pour l'état-major, la catastrophe avait frappé la brigade à moins d'un mile d'une ferme de bonne taille ; et finalement, après beaucoup de travail dans la boue, le brigadier et sa suite immédiate purent réclamer son hospitalité.

Heureusement, il était occupé. Une *femme* souriante et bon enfant , d'une trentaine d'années, avec un groupe de filles allant de deux à douze ans, s'efforçait de faire face à une inondation de soldats détrempés de l'avant-garde. C'était une belle ferme et, à notre grand étonnement, Madame Embonpoint s'est avérée être une Africander anglaise. Son mari vivait à Sainte-Hélène et, depuis le début de la guerre, elle exploitait seule la propriété de son mari. Madame était tout sauf hostile ; mais elle priait pour que nous ne pénétrions pas dans son maigre magasin de provisions, car elle avait dix bouches à nourrir et le pire de la guerre était proche. Sinon, nous étions les bienvenus dans l'hospitalité que son toit nous offrait, et elle était prête à cuisiner et à préparer pour nous toute nourriture que nous pourrions avoir avec nous. Il se trouvait que l'officier de l'avant-garde était un capitaine du Mount Nelson Light Horse. Il était un des rares de ce corps à avoir fait bonne impression auprès du brigadier, aussi le chef ne se lança-t-il pas dans une satire injurieuse lorsqu'il découvrit cet officier en train de faire bouillir une dinde dans la cuisine de la ferme. Aujourd'hui, malgré la pluie et la déception, le brigadier n'avait rien perdu de sa gaieté naturelle habituelle. C'est souvent le cas des meilleurs soldats : plus les circonstances sont défavorables, plus leur moral est léger.

Brigadier (commençant à se déshabiller devant le feu et désignant la dinde), "Franchement, tu es passé ?"

Capitaine (fermant le couvercle de la marmite avec un claquement) : "Oui, monsieur ; la dernière de nos conserves, monsieur !"

B. "J'ai vu la boîte pour la première fois aujourd'hui, je pense. Mais qu'allez-vous en faire ? Vous devez débarrasser vos voleurs de là. C'est mon stand pour la nuit !"

C. "Je m'en suis rendu compte, monsieur, et j'ai dit à mon subalterne que comme c'était une nuit froide, nous ouvririons simplement notre dernière boîte et l'offririons au général en signe d'affection, arguant que s'il l'acceptait dans l'esprit dans lequel il était donné, il nous invitait tous les deux à dîner.

B. (*maintenant en chemise*) : "Bon gars tous les deux. Aucun homme né d'une femme n'aimerait plus que moi une dinde bouillie pour le dîner, en dépit du fait qu'elle a été tuée il y a seulement une heure par un capitaine qui aurait dû mieux connu. On vous invite tous les deux à dîner. Madame, ne feriez-vous pas mieux de vous retirer ? (*Ceci à la maîtresse de maison qui venait d'entrer.*)

La scène était en effet étrange. Une cuisine boer rudimentaire éclairée par un bain crasseux. La lumière de la flamme jaune gênée par un « camion » suspendu aux chevrons : un côté de mouton, du *biltong* , des chapelets d'oignons et de betteraves. Dans un coin, un champ de tir plus ou moins moderne, devant lequel se tenait un groupe d'officiers, comprenant le brigadier, son état-major et les deux officiers d'avant-garde, tous plus ou moins déshabillés, certains essayant de se dégager . chaud, certains pour sécher leurs vêtements essorés, et d'autres pour attiser le feu et faire bouillir une marmite. Ajoutez à cela l'hôtesse potelée et sa tribu de filles de tous âges, qu'aucune exposition de membres masculins ni de sous-vêtements ne semblait terrifier. Cela ne ressemblait pas à la capture de De Wet, mais il se peut que beaucoup de choses se produisent entre minuit et le lever du jour.

Un chapitre pourrait être rempli des misères que les troupes subirent cette nuit-là, et dans ce cas, il serait disgracieux de s'étendre sur le caractère somptueux de la fête au sein de la ferme. Qu'il suffise que lors de sa discussion le brigadier ait fait le point sur la situation et soit prêt, avec le café que Madame Embonpoint apportait au divertissement, à son projet pour amender le chaos que les éléments avaient fait de son entreprise initiale.

Brigadier (*remuant pensivement sa tasse jusqu'à ce que l'hôtesse soit sortie de la pièce*). "M. Intelligence, quelle distance faites-vous entre ceci et le passage de ce côté de Fauresmith ?"

Officier du renseignement. "Vingt-trois à vingt-cinq milles, monsieur."

B. "Avez-vous quelqu'un qui connaisse le chemin ?"

10 "Oui, monsieur, il y a un homme à bord du Light Horse qui a fait du transport dans l'État libre du Sud, et qui dit qu'il en sait quelque chose."

B. "De mieux en mieux (*se tournant vers le capitaine de l'avant-garde*). Maintenant, je vais vous mettre sur la voie d'une très grande chose. Vous êtes le capitaine le plus ancien de votre corps, n'est-ce pas ?"

Capitaine. "Oui, monsieur, capitaine supérieur, adjudant et commandant en second ; nous n'avons pas de major !"

B. "C'est très bien alors. Eh bien, je veux que vous partiez tout de suite avec deux escadrons, et que vous poussiez jusqu'à Fauresmith. J'imagine que vous constaterez que l'endroit est un peu sec maintenant, et comme ces tempêtes sont habituellement local, il est fort possible que vous puissiez mieux frapper à mesure que vous vous entendez. Lorsque vous arrivez dans le pays vallonné autour de Fauresmith, soyez rusé, essayez de vous rapprocher le plus possible sans être vu et trouvez une position d'où vous pouvez " Tenez la route qui mène de Fauresmith à la rivière Riet. Venez ici et regardez la carte. Maintenant, si vous descendez à minuit, vous devriez faire deux milles à l'heure jusqu'au lever du jour. Cela fait douze milles ; les dix autres vous ferez faites-le dans les deux heures. Si vous êtes abattu, continuez; mais si vous êtes opposé en force, faites de votre mieux, faites-le-moi savoir. Maintenant, voici mes plans (montrant sur la carte). Vous voyez le parallélogramme? eh bien, allez-*y* . J'avancerai aussi vite que possible avec le terrain dans cet état.

J'enverrai, si vous entrez en contact avec l'ennemi en force, deux escadrons et deux canons directement sur le pont sur le Riet au nord. du parallélogramme, et deux escadrons et deux canons au sud du parallélogramme, tandis que j'avance avec le reste dans votre direction. Or, votre affaire est d'abord de ne pas vous laisser voir ; deuxièmement, faites en sorte que, si De Wet et sa bande arrivent à Fauresmith avant que nous soyons levés, manœuvrez-le et maintenez-le là jusqu'à notre arrivée. C'est un travail difficile, je l'admets ; mais je sais que vous êtes l'homme qui en tirera le meilleur parti. Faites comprendre à vos hommes qu'ils ont désormais la possibilité de se faire une réputation. Le major de brigade vous remettra tout cela par écrit. Vous pouvez choisir vos escadrons. Maintenant, tenez-vous bien et ne perdez pas de temps !"

Pendant que les deux escadrons du Mount Nelson Light Horse se frayaient un chemin hors du camp cette nuit-là, et que le reste de la brigade se dirigeait vers son misérable bivouac, l'état-major « se couchait » dans le salon de la ferme. Avec une si nombreuse famille de filles, la bonne Madame Embonpoint ne pouvait aménager qu'une chambre d'appoint, et celle-ci était réservée au brigadier ; mais les autres traînèrent leurs valises trempées dans le salon et comptaient dormir cinq heures avant que le jour ne se lève...

Pour ajouter au chagrin de la brigade et pour démontrer davantage la singulière Providence qui semblait toujours accompagner De Wet dans ses mouvements, même jusqu'à la onzième heure, on découvrit que l'armée avait bivouaqué à la limite même de la tempête. Comme c'est si souvent le cas avec ces tempêtes sud-africaines, la rigueur de la chute était locale, et bien que la brigade ait été si mal prise qu'il était pratiquement impossible pour les équipes de déplacer les canons sans l'aide de cordes de traînage, la moitié à un kilomètre et demi de là, la surface du veld n'était pas affectée et tout allait bien. Cette découverte fit lever le jour avec des perspectives plus brillantes, et dès que la colonne détrempée, libérée de son transport, sentit le fond plus solide, elle se secoua comme le ferait un retriever après une baignade, et se mit à courir au trot de séchage. Le brigadier avait des théories sur les méthodes à employer dans le genre de jeu de guerre auquel il était confronté ; et il résolut de se placer, si possible, devant les piquets et les postes d'observation des Boers, se rendant compte que deux circonstances étaient en sa faveur. La concentration ordonnée pour Philippolis aurait dû réduire les effectifs des sentinelles boers, et la pluie de la nuit précédente, tout en rendant les sentinelles moins enclines à l'amère veillée du petit matin, avait déposé la poussière révélatrice qui, en règle générale, est le plus grand obstacle aux mouvements secrets. Il lança une troupe pour aller très loin sur chaque flanc, afin de remplir le double objectif de capturer tous les piquets de Boer en fuite qui pourraient par hasard être alarmés à l'arrivée ultérieure de la colonne de transport, et de se prémunir contre le commando de De

Wet qui ne passerait pas. à travers le sentier arrière. À mesure que le jour grandissait et montrait que la marche s'améliorait, tout indiquait une chevauchée réussie de la part des deux escadres poussées en avant pendant la nuit. Vers sept heures, les hommes avaient commencé à sécher et, à mesure que l'objet de la chasse s'échappait, une amélioration générale était apparente dans le moral des forces.

Les premières informations qui parvinrent au quartier général, alors que l'ensemble des forces avançaient rapidement, vinrent de l'éclaireur Basuto, que l'officier des renseignements avait relevé de ses obligations envers le guide des renseignements dès que ce dernier avait été renvoyé. Ses informations étaient sérieuses : il rapportait qu'un groupe de vingt-cinq Boers avait croisé notre piste vers huit heures et, avançant rapidement, s'était dirigé vers le nord-est. Le brigadier contre-interrogea l'homme de près et parut satisfait de la véracité de son histoire.

Brigadier (se tournant vers son état-major) " Nous y serons équitablement, si nous avons de la chance, je ne pense pas que ces gars qui sont passés derrière nous soient la véritable avant-garde de De Wet. C'est probablement une patrouille qu'il a jeté pour soigner son flanc exposé. Il sait que nous étions à Luckhoff, et il n'aurait pas bougé sans avertir quelqu'un de nous surveiller. Or, ces gens nous ont vu ct sont passés derrière nous; mais comme nous avons heureusement frappé et ont couvert la piste des escadrons avancés, ils ne savent pas que nous avons une force à six heures d'avance sur nous. Probablement ils ont renvoyé à De Wet, qui sera à une ou deux heures d' eux , pour l'informer, s'il donne un coup de pouce, il peut passer les cols de Fauresmith devant nous. Si seulement les Mount Nelson peuvent le retenir, nous nous vengerons de lui.

Vers neuf heures, les collines de Fauresmith commençaient à se dresser au-dessus du niveau mort du veld, et comme la traînée des escadrons avancés était toujours stable et que nous n'avions aucune nouvelle d'eux, il y avait toutes les raisons d'être convaincus qu'ils avaient réussi. ont atteint leur objectif. Au moins, la situation suscitait un intérêt croissant. Un peu après dix heures, la colonne avait atteint le pied des collines de Fauresmith, et le brigadier fit sagement halte, déterminé à ne pas engager ses troupes dans les régions vallonnées jusqu'à ce qu'il ait entendu quelque chose de ses escadrons avancés.

Mais les informations suivantes concernant l'ennemi n'étaient pas destinées à venir de l'avant-garde. La colonne venait de descendre de selle lorsqu'un soldat échevelé, au visage blanchi, galopa jusqu'au petit groupe d'arbres sous lequel le brigadier et son état-major étaient descendus de cheval.

Brigadier. "Bonjour, voici un homme qui a vu son propre fantôme. Nous allons avoir des nouvelles maintenant. Qui es-tu ?"

Soldat. « S'il vous plaît, monsieur, j'appartiens à la patrouille de M. Crauford : elle a été anéantie !

B. (*de manière apaisante*). "Maintenant, descends de cheval et raconte-nous tout. À quoi appartiens-tu !"

T. (*démonter*). « Le cheval léger du mont Nelson, monsieur. »

B. "Je le pensais ; maintenant, parlons de l'histoire."

T. "Eh bien, monsieur, il y avait M. Crauford et le sergent Mullins, et——"

B. "Peu importe leurs noms. Combien d'hommes avaient M. Crauford avec lui ?"

T. « Environ six heures, monsieur ; et je suis le seul encore en vie à pouvoir raconter l'histoire !

B. "Comme c'est vraiment horrible ! et si vous ne continuez pas, votre histoire survivra à nous tous également. (*En gros*) Maintenant, jetez-la, - que s'est-il passé ?"

T. "Eh bien, monsieur, vous voyez cette ferme là-bas (*en désignant une bande basse de collines grises à environ quatre milles de distance sur notre flanc gauche, au pied de laquelle se trouvait une ferme*), nous y arrivions tranquillement, quand soudain, alors que nous passions devant un kraal, une cinquantaine de Boers surgissent et nous appellent à « et debout ». Nous n'avons pas voulu faire un « and up », et ils nous ont réduits à un homme, et... !"

B. "Attendez, comment avez-vous échappé à la battue générale ?"

T. "Je ne sais pas exactement, monsieur; je me suis en quelque sorte retrouvé à galoper de toutes mes forces, et les balles bourdonnaient si épaisses et si horribles que je n'arrêtais pas de me demander pendant tout le chemin du retour: "Comment c'était moi?" réussi à s'échapper!"

B. "Vous pouvez y aller. Arrêtez ! où est votre fusil ?"

T. (*se rendant compte pour la première fois qu'il n'avait pas de fusil*). « J'ai dû le laisser tomber, monsieur, dans la mêlée – c'était horrible, monsieur !

B. (*brutalement*). " Partez ; vous devriez avoir honte de parler à des hommes honnêtes. (*Puis se tournant vers le major de brigade.*) Écoutez, Baker, même si je ne crois pas à l'histoire de cet homme *dans son intégralité* , ou je croirais n'importe quel homme qui, dans la panique avait jeté son fusil, mais quelque chose s'est passé, et soit nos hommes de gauche se sont retrouvés dans le groupe de Boers qui ont croisé notre piste ce matin, soit nous avons laissé échapper tout le « sac à malice », et De Wet est à travers nous. Prenez simplement un autre escadron des Mount Nelson et voyez ce qui s'est passé sur la gauche. Vous pouvez également prendre le pompon. À moins que l'ennemi ne soit en force, ne restez pas là longtemps, car je vais probablement me déplacer. " Allumez avant votre retour. Quoi qu'il en soit, je laisserai une station de signalisation sur la colline au-dessus de nous ! "

Major de brigade. "Tres bien Monsieur."

B. "Attendez un instant. Comme la tempête de pluie a bouleversé mes plans initiaux, je vais probablement, dès que j'aurai des nouvelles de Fauresmith, envoyer la moitié de mes forces directement au pont de Kalabas et prendre le reste pour soutenir les escadrons du mont Nelson. " Mais je ne peux faire aucune déclaration définitive tant que je n'ai pas une idée de la force de De Wet. Bon Dieu ! J'aurais aimé savoir où Plumer pourrait se trouver en ce moment, ou s'il y a quelqu'un derrière De Wet. Sans informations ni cartes, c'est un jeu en montée!"...

En une demi-heure, le petit commandement du major de brigade se trouvait à mille mètres de la ferme Liebenbergspan. Ici, ils rencontrèrent cinq hommes malheureux qui se dirigeaient vers eux avec lassitude. C'étaient la patrouille de Crauford, dépouillés de la plupart de leurs vêtements, et invités par les Boers à regagner leur colonne avec tous les compliments de la saison. Le subalterne était très abattu, car c'était un garçon de bon esprit ; et c'est une atteinte à la dignité d'un officier que d'être lâché sur le veldt avec seulement une chemise de flanelle comme robe et une paire de mastics noués autour des pieds à la place des bottes. Ce n'était pas sa faute : il avait envoyé un homme reconnaître la ferme. Cet homme était notre ami qui était venu le matin. N'ayant pas réussi à fouiller le kraal, les Boers l'avaient laissé passer et avaient attendu le gros de la patrouille, qu'ils avaient « retenu » à courte distance. L'éclaireur, qui les avait traversés, entendit les cris de « Lève la main ! » et galopant pour sauver sa vie, il avait pu se dégager et lancer au brigadier sa fable de terreur. En plus de prendre leurs vêtements, les Boers avaient bien traité les prisonniers. C'était un groupe de quinze hommes, très mal vêtus mais bien montés, sous un commandant du nom de Theron. Crauford, qui était un jeune Africander anglais, avait, lorsqu'il était prisonnier, fait bon usage de son temps. Ses ravisseurs ne se rendaient pas compte qu'il comprenait le néerlandais et il avait déduit de leur conversation qu'ils faisaient, comme le brigadier l'avait prévu, partie de l'écran de De Wet. Ils étaient très contrariés par la taille de la colonne britannique et n'étaient pas préparés à sa présence si près de la ligne d'avance de De Wet. Mais en en discutant entre eux, ils estimèrent que De Wet serait en tête de la colonne, prouvant qu'ils n'avaient aucune connaissance des deux escadrons détachés pendant la nuit. Toutes ces informations étaient si précieuses que Baker descendit de cheval et renvoya Crauford au brigadier aussi vite qu'il pouvait galoper. Il a lui-même continué, car le groupe de Theron occupait toujours la ferme.

La ferme se trouvait au pied d'un brae bas. Ce n'était qu'une montée, et comme les Boers ne semblaient pas remarquer notre approche, ne prenant même pas la peine d'effacer leur présence, le major de brigade résolut, sous le couvert de son pompon, de galoper dessus. Un demi-escadron à droite, un demi-escadron à gauche. Il appela le capitaine commandant l'escadre et lui donna ses instructions. L'homme commença aussitôt à faire des difficultés et suggéra un autre mode d'attaque.

Major de brigade (*sévèrement*). "Je vous ai dit ce que je voulais que vous fassiez. Veuillez aller instruire vos chefs de troupe. Dès que vous êtes étendus, galopez et améliorez votre allure lorsque vous êtes suffisamment près. Cette butte à droite et la montée à droite. " Laissez tous deux commander la ferme, et vous constaterez que l'ennemi ne résistera pas. Bon Dieu ! homme (*comme le capitaine recommença à hésiter*), il n'y en a qu'une vingtaine ; vous n'avez sûrement pas peur ! "

L'homme n'avait pas l'intention de partir, son escadron non plus. Ils s'attardèrent à s'étendre, et il leur fallut un bon quart d'heure avant de commencer à avancer. Le major de brigade se précipite à la tête du demi-escadron droit et tente de lui insuffler un peu d'enthousiasme. Mais non; c'était la pire escadre des Mount Nelson, et lorsque le major de brigade se mit à galoper, il s'aperçut qu'il n'était suivi que de quatre hommes. Mais cela même, ajouté à une demi-ceinture de pompon, suffisait aux Boers : ils coururent vers leurs chevaux qui paissaient près du kraal, montèrent à cheval et galopèrent sur la colline, sans tirer un coup de feu. De même que les vautours fondaient sur les charognes, les Mount Nelson, dès qu'ils s'aperçurent que la colline était dégagée de l'ennemi, se précipitèrent vers le pillage de la ferme. Le visage du major de brigade était éblouissant lorsque lui et le capitaine des Mount Nelson se rencontrèrent dans la véranda. Tout ce qu'il disait n'ajouterait rien au sens artistique de ce récit ; mais il conclut ses remarques par ce qui suit : « Si je surprends un homme de votre régiment en train de toucher un seul article dans cette ferme, je lui tirerai dessus moi-même. Ramenez vos hommes à leurs positions, monsieur. Ils ne se battront pas ; je le ferai. ce sera foutu s'ils pillent ! "

Dans les situations de guerre, les situations évoluent rapidement et le major de brigade avait à peine congédié son cadet désormais boudeur, qu'un scintillement argenté au-dessus de la halte de la brigade apportait le message laconique : « Revenez immédiatement et sans délai ». Précisément au même moment, un messager descendait en courant de la colline au-dessus de la ferme et annonçait avec enthousiasme qu'une longue file de charrettes du Cap traversait rapidement le front gauche. Le major de brigade remit l'escadron au trot et resta quelques instants en arrière pour enquêter sur les nouveaux développements. C'était bien vrai, six charrettes du Cap et une trentaine d'hommes traversaient son front de droite à gauche à bonne allure.

Ils étaient loin, et même s'il n'avait pas eu l'ordre péremptoire de revenir, il eût été inutile de tenter de les poursuivre avec le matériel qu'il avait en main.

Major de brigade (remettant ses lunettes dans leur étui). "Vous pouvez noter, Monsieur le Renseignement, dans votre volumineux journal, que notre proie s'est échappée. Ils nous ont échappé. Venez, nous devons galoper et voir ce que le brigadier nous réserve!"

Mais, comme les événements ultérieurs devaient le prouver, le major de brigade s'était pour une fois trompé...

Nous trouvâmes le brigadier qui nous attendait avec impatience, avec la moitié de la batterie accrochée et le 20e Dragons debout sur leurs chevaux. Il n'a pas attendu de repos ni d'explications ; mais dès que nous arrivâmes au galop avec le pompon, nous donnâmes l'ordre à la colonne d'avancer. Le convoi de mulets était arrivé en notre absence, et il avait ordre de nous suivre du mieux qu'il pouvait.

Brigadier. « Écoutez, les gars ; je suis vraiment optimiste pour la première fois depuis que je me suis engagé dans ce genre de « suivez votre leader ». Environ une demi-heure après votre départ, notre ami, l'expert en dinde d'hier soir, a envoyé un homme brûlant avec un message disant qu'il avait retenu le gros d'un commando bocr dans une passe juste à l'ouest de Fauresmith. Il n'était pas en mesure d'arrêter l'avant-garde, qui traversait avec environ six charrettes du Cap ; mais il avait depuis capturé le piquet Boer sur le col et avait fait reculer le corps principal, composé d'une trentaine de charrettes du Cap et de 400 bourgeois. et quand il a écrit, ils ont été arrêtés à Fauresmith.

Major de brigade. "Nous avons vu cette avant-garde. Mais n'y a-t-il pas d'autre moyen pour l'ennemi d'atteindre le Riet : en tournant entre Fauresmith et Jagersfontein, par exemple ?"

B. "Nous ne pouvons pas espérer qu'il restera et nous attendra à Fauresmith. Bien sûr, il y aura un moyen de contourner, mais il peut retarder, il peut essayer de se frayer un chemin devant l'expert en dinde, et alors nous pourrons peut-être J'ai envoyé Goven avec le 21e et deux canons à la fois pour se diriger droit vers le pont de Kalabas - sans compter pour rien, seulement pour y arriver. Mais nous n'avons ni guides ni cartes qui puissent donner une idée de ce qui se passe . le vrai mensonge du pays. Je ne pouvais que lui fournir la direction et la carte ordinaire inexacte.

B.-M. "Et qu'avez-vous l'intention de faire vous-même, monsieur ?"

B. "Nous allons tout simplement pousser à fond pour obtenir la position occupée par l'expert en dinde; et ensuite, s'il est attaqué, et que le vent et la marée le permettent, nous nous jetterons simplement sur le vieil homme De Wet. , l'étouffer ou périr dans cette tentative.

Les collines autour de Fauresmith diffèrent peu par leur formation du caractère général de l'Afrique du Sud. Ils divisent le Veldt en une série de parallélogrammes grossiers. Le brigadier avait estimé que nous n'étions éloignés de Fauresmith qu'à quatre ou cinq milles environ, tandis que la carte inexacte montrait que lorsque le 21e Dragoon Guards était parti, il ne leur restait qu'environ huit milles à parcourir avant d'atteindre le pont de Kalabas sur le Riet. Par conséquent, le brigadier était convaincu que s'il était capable d'arrêter le pont avec le 21 et de prendre contact avec le corps principal de De Wet avant la nuit, il pourrait y faire face avec la force qu'il avait gardée en main. Mais il serait absolument essentiel de prendre contact ce soir-là, et une fois parvenu, d'aller immédiatement jusqu'au bout. L'intérieur du premier parallélogramme a permis à la force d'avancer avec un front étendu, et six milles de trot intelligent l'ont amenée à Brandewijnskuil, où la route Fauresmith passe au-dessus d'un ruisseau affluent du Riet. À l'est de cette dérive, entre elle et Fauresmith, s'élèvent les pentes glaciaires du Groen Kloof, bien nommées, car tout le pays ici est vert, et le voisinage immédiat de la dérive n'est pas sans rappeler de nombreux endroits ruraux que l'on trouve dans Surrey. Entourée comme d'une haie, la route s'enfonce dans la congère, pour réapparaître de l'autre côté, se frayant un chemin entre un gazon déchiqueté où paissent les oies et les chèvres. À gauche se trouve une maison blanchie à la chaux, avec un corral d'arbustes rabougris et un arbre ou deux. A côté, dans un hangar planté de plantes grimpantes, se trouvent les appareils d'un forgeron - oui, juste pour le moment, il se pourrait bien que ce soit Surrey. Mais nous n'avons pas le temps de rester et d'admirer ou de monologuer le paysage. Il y a du travail à accomplir pour les hommes. Un messager à cheval dévale la piste devant nous, comme si l'enfer et mille démons avaient été lâchés derrière lui. Il tend un morceau de papier au major de brigade, puis se jette à bas de son cheval, qui reste immobile, les flancs soulevés et les flancs ruisselants.

Brigadier. « Lisez-le. De qui vient-il ?

Major de brigade. "De l'officier commandant les deux escadrons du Mount Nelsons. Il dit : 'Groen Kloof, 15 h 15 — Des Boers environ 200 hommes ont manifesté contre moi, tandis que le convoi faisait un cercle hors de portée vers le nord-est. Je n'ai pas pu "

Brigadier (sortant sa montre). "Il est maintenant 15h40. Goven a commencé à 13h30 ; il devrait être au pont bien en face de ces criques. S'il l'est, nous les avons. Tiens, Baker ; emmène le reste de cette cohue directement vers le nord. -coin est de cette feuille de carte. Dès que vous atteignez le coin, faites un angle droit, dirigez-vous vers le nord-ouest, et vous devriez déboucher juste sur la queue de Frère et de ses charrettes du Cap. Maintenant, c'est parti. " Faites votre rapport au colonel Washington, mais j'attends de vous que le spectacle continue. Bon Dieu ! c'est la chance de la campagne, si le Riet est toujours en crue ! "

B.-M. "Très bien, monsieur. Mais où serez-vous ?"

B. "Je serai ici. C'est ici que le transport s'étendra ce soir. Je garderai l'expert en dinde au sommet de Groen Kloof toute la nuit, au cas où frère essaierait de reculer par là ! Mais où que ce soit Si tu trouves l'ennemi, fonce sur lui, chauve : c'est la seule chance !"

B.-M. "Mais si je constate qu'il a traversé la rivière ? Si l'autre colonne n'est pas en position ?"

B. (*délibérément*) " S'il a traversé le Riet, revenez immédiatement avec la queue entre les jambes. La poursuite dans ces circonstances serait inutile. Mais utilisez votre propre discrétion s'il s'en rapproche. Dites à Freddy que vous J'ai mes instructions pour combattre ; vous et Freddy devriez pouvoir convaincre Washington, et Twine, son commandant en second, se bat. Au revoir et bonne chance à vous ; n'épargnez ni les hommes ni les bêtes. (Comme la *brigade " Le major est parti, le brigadier s'est tourné vers l'officier de renseignement.*) Maintenant, Monsieur le renseignement, je veux que vous aussi vous rendiez utile. Je veux que vous, si possible, vous rendiez à Goven et l'informiez de la situation. Il est d'une importance vitale que Il doit savoir comment se répartissent les forces derrière lui. Même s'ils l'attaquent au pont, faites tout ce qui est en votre pouvoir pour l'atteindre : les meilleures forces présentent des flancs qui sont possibles pour des hommes seuls. Dites-lui simplement que Washington, avec la moitié du la force s'abat sur le pont du nord-est, que Groen Kloof est retenu par nos propres criques ; que je suis ici avec les bagages et son escorte de malades, d'aveugles, de boiteux et de boiteux ; que si Washington y entre, il doit laisser juste assez d'hommes pour sécuriser le pont et lancer ses hoplites au secours de Washington. Maintenant, roulez rusé ; vous pourriez avoir un travail difficile. Je devrais rester bien à gauche. Au revoir et bonne chance à vous. Roulez rusé !"...

L'officier du renseignement est parti en mission solitaire. Heureusement, il avait changé de cheval après l'affaire de Liebenbergspan, et étant bien monté, il se sentait assez en confiance. Il se dirigea d'abord vers le nord-ouest, dans l'espoir de repousser les *traces* de la colonne de Goven. Mais lorsqu'au bout de quatre milles il ne parvint pas à le trouver, il pensa qu'il faisait un détour qui, s'il persévérait, ne l'amènerait pas à destination à la tombée de la nuit. Il changea donc de direction plein nord et éperonna son cheval. Il travaillait le long du bord intérieur d'un grand bassin du Veld et se sentait un peu mal à l'aise quant à sa direction ; et alarmé de ne voir aucune trace de la colonne, il descendit de cheval et monta jusqu'au sommet du bord du bassin. Sous lui se trouvait une piste qui se détachait blanche sur le veld. Il n'y avait qu'une petite étendue de Veld, puis le pays est devenu très accidenté et vallonné. À deux cents mètres de l'endroit qu'il avait choisi pour sa reconnaissance se trouvait une petite ferme. Mais ce n'était pas la ferme qui attirait son attention ; c'était une colonne de poussière qui apparaissait vers le nord le long de la piste. Il a sorti ses lunettes. Il n'y avait aucun doute là-dessus : c'était un corps d'hommes à cheval et un véhicule qui s'éloignait de lui. Ils n'étaient pas à plus d'un mile ; et sans la poussière, il aurait presque pu compter la force. «C'est De Wet», pensa-t-il intérieurement; "Il va droit dans les bras de Goven ; et pour que les Boers fassent toute cette poussière, il faut qu'ils voyagent vite." Il tourna ses lunettes vers le sud ; là, il ne put trouver aucun signe d'être vivant sur la piste. Il se demandait quelle serait la bonne voie à suivre, lorsqu'il entendit une voix derrière lui : « Pardonnez-moi, monsieur, mais ce sont des Boers ; ils viennent tous de passer par ici ! Il se retourna pour trouver un dragon britannique debout, raide et au garde-à-vous derrière lui.

Officier du renseignement. "Qui es-tu ? et d'où diable viens-tu ?"

Soldat. "S'il vous plaît, monsieur, nous appartenons à une patrouille envoyée par le capitaine Charles et nous nous sommes perdus."

IO "Où sont les autres ? où sont tes chevaux ?"

T. "J'ai les trois chevaux dans le nullah là-bas. Le caporal et l'autre homme sont dans cette ferme, monsieur; du moins, c'est là qu'ils sont allés avant l'arrivée des Boers."

IO "Dans cette ferme ? Eh bien, les Boers les auront eus ; ils ont dû passer tout près de la ferme !"

T. "Ils ont fait cela, monsieur, mais je ne les ai jamais semés. Je suppose qu'ils étaient sous les lits lorsque les Boers sont passés."

IO "As-tu vu passer tous les Boers ?"

T. "Oui, monsieur; il y avait environ mille, deux chariots et beaucoup de charrettes. Certains montaient à cheval et d'autres montaient dans des charrettes."

IO "Est-ce qu'ils allaient vite ?"

T. "Oui, monsieur ; aussi vite qu'ils le pouvaient, criant, jurant et s'appelant. Ils semblaient terriblement pressés par le temps !"

IO "Nous ferions mieux de voir si vos autres amis sont toujours dans la ferme. Avez-vous votre fusil chargé ?"

L'officier du renseignement et le soldat se dirigèrent vers la petite ferme et, alors qu'ils s'approchaient de la porte, sortirent les deux dragons les plus effrayés et les plus étonnés que l'Afrique du Sud ait jamais vu. Ils étaient escortés par un groupe de filles souriantes. Lorsqu'ils virent leur camarade sain et sauf en compagnie d'un officier, ils devinrent absolument perplexes. Mais l'officier des renseignements a appris du caporal l'histoire suivante :

Corporel. "Eh bien, monsieur, nous avons été envoyés en patrouille sur le flanc droit, et d'une manière ou d'une autre, parmi les kopjes, nous avons perdu contact, et il y a environ une heure, nous sommes arrivés à cet endroit. J'ai laissé les chevaux à couvert avec Smith, et j'ai emmené un homme et sommes allés reconnaître la ferme. Nous avons trouvé à l'intérieur cette gentille vieille dame qui parle anglais et elle nous a dit qu'elle n'avait pas vu de troupes anglaises, mais qu'un petit groupe de Boers était passé dans la matinée, qui s'était arrêté et J'ai pris du café, mais qui semblait pressé. La bonne dame nous a demandé si nous voulions prendre du café. Eh bien, monsieur, nous avions très soif et nous avions très faim, alors nous nous sommes assis et ils nous ont donné du café et des gâteaux et tout ; et juste au moment où nous mangions, la vieille dame s'est précipitée à l'intérieur et a dit que les Boers arrivaient, et nous a emmenés dans une petite chambre. Eh bien, monsieur, nous avons regardé par la fenêtre, comme des espions, et là, bien sûr, " Il y avait une dizaine de Boers à cheval galopant devant la maison. C'étaient pour la plupart de très jeunes garçons, mais il y avait parmi eux quelques barbes grises. Ils semblaient très pressés, car un seul s'est arrêté à la maison, et il n'est resté qu'un instant. Puis de plus en plus de personnes passèrent, avançant sans formation et semblant toutes pressées. Un ou deux seulement se détournèrent et parlèrent avec les gens de la maison, mais aucun d'eux ne descendit de cheval. Puis une ambulance est arrivée, et toute une série de charrettes du Cap : la dernière charrette avait quatre chevaux, conduits par un nègre, et elle s'est arrêtée pendant bien cinq minutes à la ferme. Deux hommes, qui ne cessaient de crier des ordres aux Boers qui passaient, étaient assis au fond...

Officier du renseignement. "Comment etaient-ils?"

C. "L'un était un homme corpulent avec une longue barbe noire ; l'autre avait une barbe grise et des yeux gonflés. Les gens ici nous disent maintenant qu'il s'agissait de Steyn et De Wet."

IO "Pourquoi diable ne leur as-tu pas tiré dessus ?"

Trooper (venant en aide à ses camarades). "Comment pouvions-nous savoir, monsieur, qu'ils étaient des généraux ? Ils avaient juste l'air de deux vieux types civils confortables. En plus, nous avions laissé nos fusils debout dans la pièce voisine !"

IO "À votre avis, combien de Boers sont passés ?"

C. "Je devrais dire quatre ou cinq cents, monsieur ; ils sont passés au compte-goutte pendant près d'une demi-heure."

IO "Qui sont les gens dans cette maison ? Je ne comprends pas leur attitude en vous sélectionnant ici. Vous avez vécu une expérience des plus remarquables. Quelle opportunité !"

C. "Cette dame, monsieur, est une dame irlandaise et elle est une très bonne amie de ses compatriotes !"

L'officier du renseignement a ensuite contre-interrogé la propriétaire de la ferme, et elle a corroboré tout ce que le caporal avait dit. De Wet et Steyn étaient tous deux dans la charrette à quatre chevaux. Ils lui ont demandé si elle avait vu des kharkis récemment ; sur l'état de la rivière Riet et la distance jusqu'au pont de Kalabas ; et avant de partir, elle lui fit comprendre la nécessité de dérouter les Anglais qui pourraient les suivre. Tandis qu'ils s'éloignaient, De Wet leur cria : « Ils sont juste derrière ». Cette information provoqua une grande excitation chez l'officier du renseignement, car il était désormais sûr que la brigade était sur la bonne voie. Il se surprenait déjà à écouter le bruit des armes de Goven. Rassemblant les trois soldats qui étaient plus proches de De Wet que les autres Britanniques armés ne l'étaient depuis un certain temps, il retourna dans le bassin du Veld et poussa vers le nord. Le soleil était maintenant presque couché, mais ce n'était rien : animé d'une grande excitation, l'officier de renseignement n'avait qu'une idée : être présent à la mort. Mais une amère déception l'attendait.

Caporal (*montrant l'arrière gauche*). "S'il vous plaît, monsieur, voilà la colonne."

L'officier du renseignement avait du mal à en croire ses yeux : cette pensée était trop épouvantable, trop horrible pour être vraie. C'était pourtant vrai. Au lieu d'arriver au pont, la colonne avait perdu sa direction et, sans guide ni carte adéquate, s'était empêtrée dans les collines. Perdu, sans fourrage ni nourriture, bête et homme épuisés au-delà de toute expression, tandis que De Wet traversait le Riet par le pont de Kalabas, l'arrêt qui aurait dû être là s'efforçait de revenir sur ses pas pour regagner le camp. Lorsque l'officier des renseignements réalisa la vérité, de grosses larmes lui montèrent aux yeux.

Il était minuit avant que les serviteurs du mess puissent préparer un repas au Brandewijnskuil pour le personnel. Deux bougies lugubres mais qui s'ajoutaient à la dépression engendrée par l'heure et à la déception qui dominait tous les esprits. Nous avons eu notre chance et nous avons échoué. Le brigadier seul était philosophe : sa gaieté naturelle ne permettait pas la dépression : son esprit viril ne s'effondrait pas devant le règne des lois du hasard.

Brigadier. « Réveillez-vous, vous Coves, et venez dîner. Nous avons perdu le vieux De Wet ; mais ce n'est pas une raison pour que vous vous comportiez tous comme si nous allions assister à des funérailles. Dieu merci, vous êtes en vie. "

Major de brigade. "J'ai reçu les ordres, monsieur. Commencez à 3 heures du matin !"

Brigadier. "C'est bien, mais nous ne reverrons plus De Wet. Nous avons été trop chauds avec lui aujourd'hui. Demain, en traversant le Riet, au lever du jour, nous ne trouverons que des traces qui partent dans toutes les directions . Ils va se dissoudre avec certitude. Mais même si nous avons échoué, nous avons eu du mal pour notre argent et avons terminé en bonne deuxième place. Mais pas de cartes ni de guide ne sont pas de grandes choses en termes de pénalités, et, tout bien considéré, je pense que la « cohue » s'est bien déroulée. Qu'ont vos prisonniers à dire, Monsieur le Renseignement ?

Mais Mr Intelligence, après avoir bu sa soupe, dormait profondément dans ses couvertures...

NOTES DE BAS DE PAGE :

[40] Un autre épisode curieux de cette étrange campagne peut être observé ici. Nous étions en possession nominale de l'État libre du Sud depuis de nombreux mois, pendant une période considérable pendant laquelle l'administration locale avait été administrée par des agents britanniques. Pourtant, tout au long de cette période, des landrost boers furent également nommés et, dès qu'un commando suffisamment fort pour affirmer l'autorité de l'État libre d'Orange se trouvait à proximité, ils prirent immédiatement leurs fonctions. Souvent, croit-on, les mêmes hommes ont agi pour les deux belligérants. Lorsque le juge Hertzog fit sa tournée dans l'État libre du sud-ouest juste avant de se lancer dans l'invasion de la colonie, il rétablit l'administration boer dans toutes les townships du sud.

[41] De Wet ne s'est jamais déplacé sans une avance, un flanc et une arrière-garde, éloignés de lui sur une distance d'environ six à huit milles. Cet écran lui donnait toujours une indication suffisante de la présence de troupes britanniques à proximité, lui permettant ainsi de changer de direction et d'agir avec calme et délibération. Ces écrans étaient toujours composés d'hommes choisis.

L'ENVOI.

Avec le passage du Riet, l'histoire de cette chasse De Wet cesse, car tout se passa exactement comme le brigadier l'avait prévu. La brigade arriva au pont de Kalabas avant le lever du jour, prête, si un ennemi tangible était encore devant, à reprendre la course et à poursuivre la ligne jusqu'au bout, quel qu'en soit le prix. [42] Mais le sol meuble de l'autre côté de la rivière témoignait de trente pistes. Le commando s'était dispersé aux quatre vents et comme, avec une prévoyance astucieuse, De Wet et ses partisans avaient éloigné toute âme vivante, Boer ou Cafre, des environs du pont, aucune trace de sa présence ne subsistait. Poursuivre un fugitif dans une charrette solitaire du Cap avec une brigade aurait été absurde, et ainsi, après cinq milles plus loin à Openbaar, il n'y avait aucun signe de convergence des pistes solitaires, la poursuite fut abandonnée et la brigade s'arrêta pour attendre l'arrivée. de son convoi de mulets et de bœufs. Ce soir-là, Plumer, qui avait débarqué sur la route de Jagersfontein, traversa le pont de Kalabas et signala que Haig était derrière lui au Spitz Kopjes. On verra donc que Plumer était arrivé vingt-quatre heures trop tard, sans que cela soit de sa faute, mais simplement parce qu'il avait fait le voyage depuis la garc d'Orange River en train. Plumer poursuivit son chemin sur la piste supposée de De Wet, qu'il considérait encore assez chaude pour le suivre. Il le perdit, comme l'avait prévu le brigadier, aux environs du Kraal d'Abraham. La nouvelle brigade de cavalerie avança plus lentement vers Bloemfontein via Petrusburg et le champ historique de Driefontein.

A Bloemfontein, quelques changements eurent lieu dans l'état-major et la composition de la brigade, et l'auteur de ce récit, à son infini regret, rompit ses liens avec la brigade. Il avait été promu dans un nouveau bataillon qui était en train d'être élevé chez lui, et après vingt mois, son tour était venu de dire au revoir au veld. Alors que le brigadier lui faisait ses adieux au club de Bloemfontein, il lui donna une tape amicale dans le dos en disant : « Je crois que votre histoire sur les instructions de rentrer chez vous par le premier transport est un canular. Je ne crois pas. que vous irez un jour plus au sud que cette ferme de Richmond Road ! »

NOTES DE BAS DE PAGE :

[42] Les ordres donnés cette nuit à la brigade furent très instructifs et montrèrent quel vrai soldat était le brigadier. S'il estimait que les circonstances exigeaient un effort, il était prêt à prendre tous les risques et à tous les sacrifices. Les ordres précisaient que s'il devenait nécessaire de

poursuivre, le convoi serait renvoyé par le chemin le plus court jusqu'au chemin de fer, que les hommes à cheval devraient vivre à la campagne sans ravitaillement et que ceux dont les chevaux cédaient devraient marcher. vers l'est, contre la course du soleil, laquelle ligne, après 20 à 25 milles, les amènerait à la voie ferrée, où ils pourraient arrêter le premier train qui passait.

LA FIN.

www.ingramcontent.com/pod-product-compliance
Lightning Source LLC
LaVergne TN
LVHW042148190726
843493LV00006B/1568